Donia Lasinger / Manfred Lasinger

Der Signalnavigator

Donia Lasinger
Manfred Lasinger

Der Signalnavigator

Frühsignale aufspüren
und Innovationen anstoßen

Mit Best-Practice-Beispielen
und Handlungsempfehlungen

Bibliografische Information der Deutschen Nationalbibliothek
Die Deutsche Nationalbibliothek verzeichnet diese Publikation in der
Deutschen Nationalbibliografie; detaillierte bibliografische Daten sind im Internet über
<http://dnb.d-nb.de> abrufbar.

1. Auflage 2011

Alle Rechte vorbehalten
© Gabler Verlag | Springer Fachmedien Wiesbaden GmbH 2011

Lektorat: Ulrike M. Vetter

Gabler Verlag ist eine Marke von Springer Fachmedien.
Springer Fachmedien ist Teil der Fachverlagsgruppe Springer Science+Business Media.
www.gabler.de

Das Werk einschließlich aller seiner Teile ist urheberrechtlich geschützt. Jede Verwertung außerhalb der engen Grenzen des Urheberrechtsgesetzes ist ohne Zustimmung des Verlags unzulässig und strafbar. Das gilt insbesondere für Vervielfältigungen, Übersetzungen, Mikroverfilmungen und die Einspeicherung und Verarbeitung in elektronischen Systemen.

Die Wiedergabe von Gebrauchsnamen, Handelsnamen, Warenbezeichnungen usw. in diesem Werk berechtigt auch ohne besondere Kennzeichnung nicht zu der Annahme, dass solche Namen im Sinne der Warenzeichen- und Markenschutz-Gesetzgebung als frei zu betrachten wären und daher von jedermann benutzt werden dürften.

Umschlaggestaltung: KünkelLopka Medienentwicklung, Heidelberg
Gedruckt auf säurefreiem und chlorfrei gebleichtem Papier
Printed in Germany

ISBN 978-3-8349-2810-8

Inhaltsverzeichnis

Einleitung 7

Teil I	Signale und ihre Wirkung auf Innovationen – Grundlagen 13

1	Neue Leistungen als Wettbewerbsfaktor 15
1.1	Neue Leistungen 16
1.2	Auslöser für neue Leistungen 20

2	Voraussetzung für Innovationen: schwache Signale 23
2.1	Schwache Signale 23
2.2	Risiken und Chancen 27

Teil II	Signalmanagement bei erfolgreichen Innovationen – Selbstdiagnose und Wettbewerbsvergleich 33

3	Strategische Frühaufklärung (SFA) 35

4	SFA-Prozess 43
4.1	SFA-Phasen 43
4.1.1	Activation 45
4.1.2	Assessment 50
4.1.3	Action 51
4.2	Einflussgrößen auf die SFA-Phasen 54
4.2.1	Individuen in der Activation-Phase 57
4.2.2	Gruppen im Assessment 61
4.2.3	Organisation in der Action-Phase 64
4.2.4	Umwelt und Kommunikation 76
4.3	SFA-Prozessarten 82
4.3.1	Rationale Prozesse 86
4.3.2	Intuitive Prozesse 88
4.3.3	Gemischte Prozesse 91
4.4	SFA-Prozessmodell 93
4.5	SFA-Prozesspfade 94
4.5.1	„Best-practice"-Beispiele 95
4.5.2	Rationale Pfade 101
4.5.3	Intuitive Pfade 103
4.5.4	Kombinierte Pfade 104
4.5.5	Parallele Pfade 104

Teil III	**Signalnavigator – Profilauswertung und Umsetzung**	**111**
5	Profilauswertung und SFA-Werkzeugkiste	113
5.1	Activation-Phase	113
5.1.1	Ausprägung IA1	114
5.1.2	Ausprägung RA1	115
5.1.3	Ausprägung KA1	116
5.1.4	Tipps für die Activation-Phase	116
5.2	Assessment-Phase	123
5.2.1	Ausprägung IA2	123
5.2.2	Ausprägung RA2	124
5.2.3	Ausprägung KA2	127
5.2.4	Tipps für die Assessment-Phase	128
5.3	Action-Phase	128
5.3.1	Ausprägung IA3	129
5.3.2	Ausprägung RA3	129
5.3.3	Ausprägung KA3	130
5.3.4	Tipps für die Action-Phase	130
5.4	Tipps für den SFA-Gesamtprozess	135
5.4.1	Balance schaffen zwischen Intuition und Rationalität	136
5.4.2	Intuition fördern	136
5.4.3	Die Bedeutung der Schnittstellen	140
5.4.4	Die Beteiligten im SFA-Prozess	143
5.4.5	Die SFA-Organisation	146

Zusammenfassung ... 149

Abbildungsverzeichnis ... 151
Tabellenverzeichnis ... 153
Literaturverzeichnis ... 155
Die Autoren ... 163

Einleitung

2010: Die Finanzkrise ist überstanden. Stimmt das? Die Experten sind sich nicht einig. Uneinigkeit herrscht auch darüber, ob die Krise absehbar war oder nicht. Viele Politiker, Unternehmensführer und Manager betonen, dass sie nicht vorauszusehen war. Spezialisten hingegen verneinen dies: Es hätte Zeichen genug gegeben, nicht nur schwache Signale und nicht nur in letzter Zeit. Sie wären nur nicht wahrgenommen, erkannt und richtig interpretiert worden. Der Blick in die Vergangenheit und die (zumeist lineare) Extrapolation in die Zukunft – das beliebte Standardwerkzeug der Analysten – reichen halt doch nicht.

Erfolgreiches Arbeiten setzt die richtigen Informationen voraus, die den Entscheidungsträgern in der passenden Form und rechtzeitig zur Verfügung stehen. Dies gilt für jede Art der Arbeit, von strategischer Bedeutung sind diese Anforderungen jedoch für die Unternehmensführung. Bei der Informationssuche, -aufbereitung und -bereitstellung wird großer Aufwand betrieben. Obwohl die Möglichkeiten der Datenverarbeitung in den letzten Jahrzehnten aufgrund der Informationstechnologie (exponentiell gestiegene Computerleistungen, Internet ...) explodiert sind, Informationen mit Lichtgeschwindigkeit über den ganzen Globus geschickt werden können, und damit praktisch für jeden überall und zu jeder Zeit verfügbar sind, hat sich das „Informationsproblem" nicht gelöst. Es hat sich lediglich verschoben oder gar noch verschärft: Gab es früher zu wenig Informationen, und waren diese zu spät verfügbar, so liegt heute das Problem in der Informationsflut. Besonders betroffen sind Unternehmer, Führungskräfte und Manager. Sie wenden mehr als ein Drittel ihrer Arbeitszeit alleine für die Informationssuche auf. Eine weitere Unzulänglichkeit liegt immer noch darin, dass der überwiegende Teil dieser Informationen vergangenheitsbezogen ist. Dies gilt für die meisten Daten, insbesondere für gängige Finanzinformationen, die für die Planung und Steuerung von Organisationen überwiegend genutzt werden. Gerade diese Ergebnisgrößen sind aber für Entscheidungen nur bedingt verwendbar.

Die Problematik verschärft sich heute zunehmend. Wollen Unternehmen in einem schnelllebigen, turbulenten Markt existieren, müssen sie wettbewerbsstark sein. Dazu gehören neben geringen Kosten und hohen Leistungsqualitäten auch rasche Reaktionen und überzeugende, neue Produkte. Um diesen Anforderungen zu genügen, braucht es die Interaktion zwischen Unternehmen und Umwelt ohne Zeitverzögerung. Unternehmen sind erfolgreicher, wenn sie schnell und in der passenden Form auf Umweltsignale reagieren.

Veränderungen in den Umwelten geschehen verschieden schnell. Evolutionäre Entwicklungen erfolgen schleichend. Damit sind Reaktionen zeitlich nicht so kritisch. Allerdings kann es einem Unternehmen wie dem „berühmten lebenden Frosch" ergehen, der sich im langsam erwärmenden Wasser gekocht wird, weil er die allmählich steigende Temperatur nicht wahrnimmt. Die Folgen können schwerwiegend sein, wenn Unternehmen die Zeichen kleiner (aber beständiger) Veränderungen nicht erkennen oder falsch einschätzen. Für die Unternehmensführung sind neben diesen evolutionären Entwicklungen besonders unvorhergesehene Umbrüche – plötzliche und starke Veränderungen – bedeutend. War es in der Vergangenheit oft ausreichend, reaktiv auf Veränderungen zu antworten, erweist sich diese Strategie in einer immer komplexer und unsicherer werdenden Umwelt als zu abwartend. Obwohl diese Brüche und Diskontinuitäten für Organisationen entweder sehr kostenintensiv (wenn nicht existenzgefährdend) oder aber auch äußerst gewinnbringend sein könnten, ist es verwunderlich, dass Unternehmen diese bis heute nicht oder kaum beachten. Als Beispiel einer großen Veränderung erwähnt Ansoff die Ölkrise in den 70er Jahren. Die Manager der großen bekannten Unternehmen hatten damit nicht gerechnet. Waren diese Entwicklungen allerdings wirklich für die Unternehmen überraschend? Der Experte Igor Ansoff stellte fest, dass die Entwicklungen und Vorhersagen in Bezug auf die arabischen Aktionen, die zur Ölkrise führten, öffentlich erhältlich und den Managern der betroffenen Unternehmen zugänglich waren. Oder aus der jüngeren Vergangenheit: Kamen die Entwicklungen, die im Jahr 2000 zum Platzen der „.com-Blase" und 2008/2009 zur Finanzkrise und im Anschluss zur Wirtschaftskrise führten, wirklich überraschend?

Der Blick in die Vergangenheit zeigt, dass große Umbrüche wiederkehrend auftreten. Unternehmen könnten auf diese vorbereitet sein. Dies ist die Hauptaufgabe der Strategischen Frühaufklärung (= SFA): das Erkennen schwacher Signale (als Vorboten großer Umbrüche) und das Reagieren darauf. Es gibt Unternehmen, die so in den letzten Jahren erfolgreich Risiken abgewehrt oder Chancen ergriffen haben. Jene Unternehmen, die Veränderungen antizipieren und bereits vor ihrem Eintreten agieren, können als „best-practice" angesehen werden[1].

Die Ziele dieses Buches sind:

1. Die Sensibilisierung des Lesers für schwache Signale

2. Das (systematische) Aufspüren und Erkennen dieser Zeichen

3. Die Verarbeitung dieser Zeichen für die Einleitung von Innovationen

Der Fokus liegt vor allem auf dem Strategischen Frühaufklärungsprozess (= SFA-Prozess), der den eigentlichen Innovationsprozessen vorgelagert ist, was darin begründet liegt, dass diese Phasen bisher weder in der Theorie[2] noch in der Praxis thematisiert und genutzt

---

[1] Die meisten Unternehmen setzen heute allerdings die Strategische Frühaufklärung nicht ein. Es zeigt sich, dass bei vielen Managern bislang kein Bewusstsein für die Existenz und Bedeutung kritischer Signale vorliegt.

[2] So wird im Bereich des Innovations-, F&E-, Ideen-und Wissensmanagements als Startpunkt stets mit der Suchfeldfestlegung, der Ideenanregung und Ideengenerierung begonnen, bevor es zur Ideenbewertung und -absicherung kommt (vgl. Weule, 2002). Wie diese frühen Aktivitäten jedoch initiiert werden – oder auch nicht, wird aber nicht behandelt. Auch Cooper (2002) stellt fest, dass die erste Schlüsselaktivität bei der Entwicklung neuer Produkte, das „Erste Screening" zwar von der Mehrzahl der Unternehmen angeblich angegangen wird, jedoch überwiegend ohne formelle Kriterien meistens in informalen Diskussionsrunden. Anzumerken ist hier jedoch, dass der Autor damit den „ersten Entwurf eines neuen Produkts oder einer neuen Dienstleistung" versteht – und dieser liegt zeitlich weit hinter dem SFA-Prozess. Dann wird der Innovationsprozess strukturiert. Ähnlich wird bei der „Ideenmaschine" vorgegangen (Schnetzler, 2008). Auch Überlegungen, die Nachhaltigkeitsaspekte im Innovationsprozess bzw. die Produkt-und Dienstleistungsentstehungsprozesse zu berücksichtigen – z. B. im Rahmen der QFD-Methodik –, beziehen sich nicht auf die frühesten Phasen (SFA-Phasen) (vgl. Lasinger, 2010b).

werden. Die frühen Phasen von Prozessen – auch für Innovationsprojekte – sind für die Prozessergebnisse besonders bedeutsam[3]. Viele Chancen werden vergeben, da die meisten von diesen von den Entscheidern erst gar nicht erkannt werden!

Das Buch versucht diese Lücke zu schließen und bietet einen Handlungsleitfaden für Entscheidungsträger, mit dem sie schwache Signale in ihrer Umgebung wahrnehmen, bewerten und einordnen können, um darauf aufbauend die passenden Schritte für Innovationen zu setzen. Es wird ein Navigationssystem vorgestellt, das es ermöglicht, Risiken und Chancen frühzeitig zu erkennen, zu interpretieren und zu vermeiden oder zu nutzen. Die Gestaltungsempfehlungen bauen auf den Untersuchungsergebnissen einer empirischen Studie auf, die in zwölf erfolgreich agierenden Unternehmen durchgeführt wurde (Lasinger, 2010a). Diese Unternehmen können als Benchmarks herangezogen werden, da alle nachweislich innovative Produkte auf dem Markt platzieren. Die breite Streuung in den Unternehmensgrößen und Tätigkeitsfeldern dieser Unternehmen bildet eine umfassende Informationsbasis und lässt die entscheidenden Unterschiede und Gemeinsamkeiten sichtbar werden.

Die Beschäftigung mit dem Thema der Strategischen Frühaufklärung zeigt, dass selbst den Innovatoren die Zusammenhänge und die kritischen Faktoren von Innovationsprozessen häufig nicht bewusst sind. Viele der Entscheidungen werden vom Instinkt geleitet, aus dem Bauch heraus getroffen: Innovationen „geschehen". Das Buch unterstützt Innovatoren, Führungskräfte, Unternehmer und Projektleiter, die Innovationen initiieren, begleiten oder von diesen betroffen sind. Sie erhalten die Möglichkeit, Innovationsvorhaben aktiver zu gestalten.

Auf folgende Fragen werden im Buch Antworten gegeben:

- **Wie erkennen und nutzen Unternehmen die Möglichkeiten für Innovationen?** Im Buch wird beschrieben, wie Unternehmen mit schwachen Signalen umgehen, daraus Risiken, Bedrohungen oder Möglichkeiten ableiten, Chancen aufgreifen, Innovationsprozesse initiieren und damit herausragende Produkte und Leistungen entwickeln und erfolgreich auf den Markt bringen.

- **Was können Organisationen aus „best-practice"-Beispielen im Zusammenhang mit Innovation lernen?** Die Innovationsprozesse in Unternehmen, die heute ihre entwickelten Produkte am Markt erfolgreich absetzen, sind die Lern-und Vergleichsobjekte in Bezug auf die Gestaltung der frühen Phasen von Innovationsprozessen.

---

[3] Hier ist die Kenntnis des Unterschiedes von Effektivität (= Zielgerichtetheit, d. h. das Richtige tun) und Effizienz (= Wirschaftlichkeit, Produktivität, d. h. etwas richtig tun) bedeutsam. Zudem ist es ratsam, sich der sogenannten 10er-Regel des Projekt-und Prozessmanagements bewusst zu werden, nach der die Bedeutsamkeit der Entscheidungen in Prozessen (Projekten) exponentiell abnimmt. Die Kosten nehmen hingegen im Ablauf entsprechend zu.

- **Welche Bedeutung haben Chancen für Neuentwicklungen?** Chancenmanagement wird – sowohl in Literatur als auch Praxis – im Gegensatz zu Risikomanagement selbst bei Neuentwicklungen vernachlässigt. Diese Lücke wird nun geschlossen, indem die rechtzeitige Wahrnehmung von Chancen (und nicht nur von Bedrohungen, Gefahren oder Risiken) behandelt wird.

- **Worin liegen die Unterschiede der SFA-Prozesse in Groß- und Mittelunternehmen?** Die Strategische Frühaufklärung wurde bisher hauptsächlich für Großunternehmen konzipiert. Erstmals werden die vorgelagerten Innovationsprozesse von erfolgreich innovativen Mittelunternehmen (= MU) und Großunternehmen (= GU) untersucht und die Unterschiede herausgearbeitet.

- **Welche Rolle spielt Intuition in – und vor allem vor den eigentlichen – Innovationsprozessen?** In der aktuellen Literatur gewinnt das Thema Intuition an Bedeutung. Die dem Buch zugrunde liegenden Analysen zeigen, dass Intuition einen hohen Stellenwert einnimmt und nicht alleine auf Zufall reduziert werden kann. Es wird herausgearbeitet, wie man sie fördern und nutzen kann.

- **Wie groß ist das Innovationspotenzial der Organisation?** Das Management von Unternehmen wird bei der Einschätzung der Rahmenbedingungen (organisationsintern/-extern) im Zusammenhang mit der Neuentwicklung von Produkten und Leistungen unterstützt.

- **Wie können die Erkenntnisse für die Organisation praktisch genutzt werden?** Ein Handlungsleitfaden mit Ausgestaltungshinweisen ermöglicht es dem Anwender/der Anwenderin, sein/ihr Innovationsprojekt wirksam zu gestalten. Er erlaubt, Signale (für Chancen und Risiken) frühzeitig, strukturiert und einfach zu erkennen und zu bewerten. Darauf aufbauend können die passenden Entscheidungen getroffen und gegebenenfalls neue Produkte und Leistungen systematisch entwickelt werden. Auf diese Weise werden in Organisationen mehr Innovationsvorhaben generiert und sicherer abgewickelt. Risiko- und Chancenmanagement kann wirksamer gestaltet und Krisenmanagement vermieden werden.

Das Buch führt den Leser gezielt durch das Thema:

Teil I „Signale und ihre Wirkung auf Innovationen – Grundlagen" erläutert die Grundbegriffe, führt in die Theorie ein und startet bei der Erkennung schwacher Signale (Teil I auf Seite 13). Für jene Leser, die gleich mit der Analyse des eigenen Unternehmens beginnen möchten, ist der direkte Einstieg in Teil II auf Seite 33 möglich.

Teil II „Signalmanagement bei erfolgreichen Innovationen – Selbstdiagnose und Wettbewerbsvergleich" unterstützt die Positionierung des Unternehmens anhand der entscheidenden Erfolgsfaktoren für Innovationen (Teil II auf Seite 33). Es werden die frühen Phasen der Innovationsprozesse und die wichtigen Einflussfaktoren auf diese von erfolgreich innovierenden Unternehmen dargestellt. Anhand der kritischen Merkmale können Unternehmen mit diesen „best-practice"-Beispielen verglichen werden. Das entwickelte Prozessmodell zeigt die typischen Innovationspfade und ermöglicht eine klare und systematische Einordnung des eigenen Unternehmens. In Analyseboxen werden die Ergebnisse verdeutlicht und die wichtigen Fragen zum jeweiligen Thema gestellt.

Teil III „Signalnavigator – Profilauswertung und Umsetzung" hilft bei der Anwendung der Analyseergebnisse von Teil II (Teil III beginnt auf Seite 111). Es werden die Stärken, Schwächen, Chancen und Risiken der verschiedenen Innovationspfade aufgezeigt und Anleitungen und Werkzeuge für die erfolgreiche Umsetzung angeboten. Tippboxen fassen die Vorschläge zusammen und ermöglichen dem Leser die unmittelbare Anwendung.

Teil I
Signale und ihre Wirkung auf Innovationen – Grundlagen

1 Neue Leistungen als Wettbewerbsfaktor

Wettbewerbsfaktoren sind für Unternehmer und Führungskräfte von hohem Interesse. Diese Faktoren ändern sich im Lauf der Zeit (**Abbildung 1.1**). Waren in den 60er und 70er Jahren des letzten Jahrhunderts die Kosten im Hauptfokus des Managements und der Beratungsbranche, so traten in den 80er Jahren die Qualität und in den 90er Jahren die Schnelligkeit und Flexibilität in den Vordergrund. Während zunächst Kostensenkungsprogramme – wie z. B. Gemeinkostenwertanalysen (GWA) – die Hauptmethode der Verbesserungsprogramme waren, so gewannen in den Folgejahrzehnten Programme wie Total Quality Management (TQM) (Oess, 1991), Lean-Management (Boesenberg und Metzen, 1993) oder Business Process Reengineering (BPR) (Hammer und Champy, 1994; Doppler und Lauterburg, 1994) an Bedeutung. Ausgangs- und Zielpunkt der Lean-Management-Programme war die gleichzeitige Optimierung aller drei Dimensionen des sogenannten „magischen Qualitätsdreiecks": Qualität, Kosten, Termintreue (Womack et al., 1991). Damit war ein Paradigmenwechsel verbunden. Die Meinung, dass jeweils nur eine der drei Dimensionen auf Kosten der anderen optimiert werden kann, wurde abgelöst durch die Erkenntnis, dass es auch möglich ist, alle drei Faktoren gleichzeitig zu optimieren. Dies war allerdings nicht durch die Strategie „mehr desselben" machbar (vgl. dazu u. a. die Ausführungen von Watzlawick, 2002). Vielmehr wurden die Maximierung der Qualität, die Minimierung der Kosten, die kürzesten Durchlaufzeiten und die Einhaltung der Termine durch eine andere Denkweise, größere strukturelle Veränderungen und neue Methoden erreicht.

Seit 2000 steht die Innovationskraft von Unternehmen im Mittelpunkt des Interesses (Getz und Robinson, 2003; Schnetzler, 2008). Es kommt also nicht mehr nur darauf an, wie kostengünstig, gut, schnell und präzise Unternehmen ihre Leistungen auf den Märkten anbieten (Magnusson et al., 2001). Vielmehr ist jetzt ausschlaggebend, welche Produkte und Dienstleistungen den Markt erreichen und wie sie hergestellt werden. Mehr und mehr gewinnen Überraschungseffekte an Bedeutung. Diese werden nur durch neuartige, innovative Produkte, Produktkombinationen und Serviceleistungen geschaffen.

In den letzten Jahren hat die Diskussion um die Nachhaltigkeit (Sustainability) zugenommen. Die drei Säulen der Nachhaltigkeit sind Ökonomie, Ökologie und Soziales (Promberger et al., 2006). Nachhaltigkeit wird durch die Ausdehnung der betrachteten Interessengruppen (Stakeholderansatz) von Eigentümern und Kunden auf Mitarbeiter und Gesellschaft erreicht (Lasinger, 2010b). Tragische Unfälle mit unabsehbaren Folgen für die Umwelt – und damit die Menschen –, wie z. B. der Bohrinselvorfall des Unternehmens BP im Golf von Mexiko 2010, zeigen auf dramatische Art und Weise, wie bedeutend die ganzheitliche Betrachtung im Sinne der Nachhaltigkeit ist. Die frühzeitige Erkennung relevanter Signale im Vorfeld von Innovationen ist in Zukunft von nicht zu unterschätzender Wichtigkeit.

Abbildung 1.1: Entwicklung der Hauptfokuspunkte

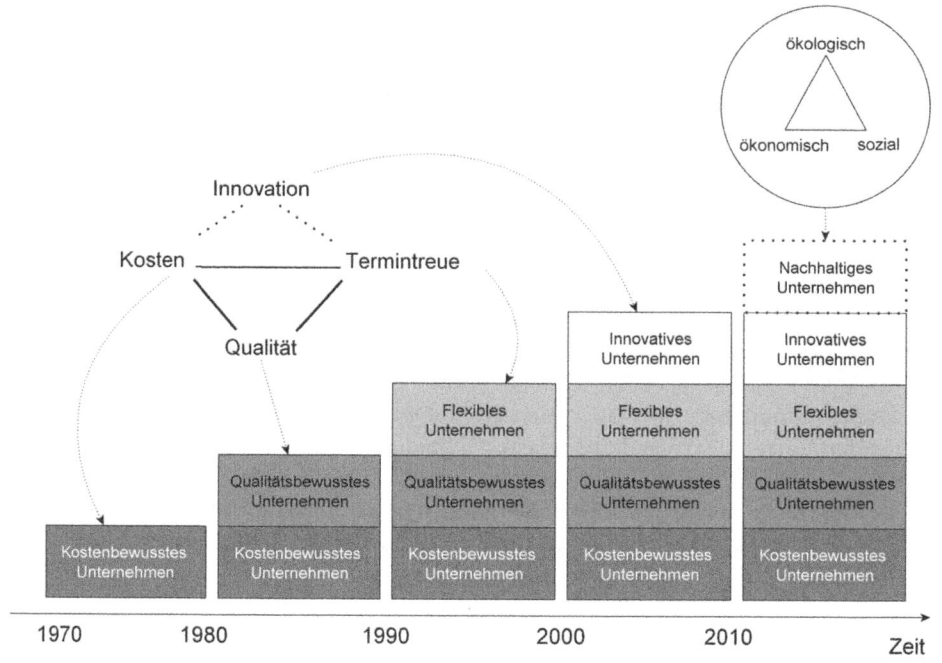

Die Fokuspunkte Kostenbewusstsein, Qualitätsorientierung, Schnelligkeit und Flexibilität, Innovationsfähigkeit und Nachhaltigkeit lassen sich nicht isoliert voneinander betrachten. Sie werden nicht „nacheinander" oder einzeln gefordert, sondern gleichzeitig. Innovationsfähigkeit und nachhaltiges Wirtschaften (d. h. ökonomisch wie auch umweltbewusst und sozial) sind heute und zukünftig die zusätzlichen notwendigen Hauptwettbewerbsfaktoren. Damit brauchen die Unternehmen und deren Führungskräfte die spezielle Fähigkeit, schwache Signale aus den äußeren und inneren Unternehmensumfeldern rechtzeitig zu erkennen, passend zu deuten und strategisch zu nutzen.

1.1 Neue Leistungen

Innovationen sind eine treibende Kraft für die Wirtschaftsentwicklung (Fueglistaller et al., 2008). Die Eurostat-Untersuchung 2007 verdeutlicht, welch wichtigen Stellenwert Innovation hat: In der Europäischen Union sind 40 % der Unternehmen innovativ tätig. Innovation steht sowohl für neue Leistungen (Produkte, Dienstleistungen, Prozesse, Strukturen) als auch für deren „Herstellungsprozess". Innovation (lat. innovatio) bedeutet „Erneuerung" und „Veränderung". Im Französischen, Italienischen und Englischen wird darunter „Neuerung" verstanden, im 20. Jahrhundert „technischer Fortschritt".

Der österreichische Nationalökonom Josef Alois Schumpeter (1883-1950) bildet mit seiner Begriffsbestimmung der „kreativen Zerstörung" den Ausgangspunkt für die Diskussion zwischen Kreativität, Innovation und Wachstum in Wirtschaft und Gesellschaft. Nach Schumpeter können erfolgreiche Unternehmen nur durch die Zerstörung des Alten und die Erschaffung des Neuen bestehen. Mit der deutschen Übersetzung seines Werkes „Business Cycles" im Jahre 1939 gelangte der Innovationsbegriff 1961 unter dem Schlagwort „Innovationsmanagement" oder „Produktinnovation" auch in den deutschen Sprachraum (Müller, 1997). Der Begriff wird sehr unterschiedlich verwendet und es gibt eine Vielfalt an Definitionen.

Häufig wird zwischen **Invention** (lat. inveniere = entdecken, erfinden bzw. inventio = Einfall) und **Innovation** (lat. novus = neu bzw. innovatio = etwas neu Geschaffenes) unterschieden. Invention bezeichnet das erste Auftauchen einer Idee, Innovation die Einführung dieser Idee in den Markt (Umsetzung). Die beiden Begriffe stehen in einem engen Verhältnis zueinander, sind jedoch zeitlich getrennt.

Edward DeBono (in Little, 1997) stellt ein europäisches Defizit bezüglich Innovation und Kreativität fest und betont, dass der Schlüsselbaustein der Zukunft **Kreativität** ist und nicht das Ansammeln von immer mehr Informationen, das Haushalten im Sinne von Kostenkontrolle, Kosteneinsparungen, Automatisierung oder Firmenübernahmen. Unabdingbare Bedingung für Innovation ist Kreativität. Ihre Grundaktivität ist die Veränderung von Konzepten und Sichtweisen. Sie umfasst die Zusammensetzung von Wissen aus verschiedensten Gebieten im Hinblick auf einen speziellen Kontext. Daraus werden neue Ideen generiert. Kreativität ermöglicht es, vorhandene Strukturelemente zu variieren, Altbewährtes auf andere Gebiete zu übertragen, die Gesamtstruktur zu zerlegen, artfremde Elemente zu kombinieren und die Betrachtungsweise zu verändern.

Kreativität ist das Ergebnis von **Intuition**. Intuition ergibt sich aus den bisherigen gesammelten Erfahrungen. Lehrer (2009) beschreibt Intuition (und auch Gefühl) als Ergebnis von aggregiertem und unbewusstem **Wissen** (Gedanken). Wissen entsteht, indem den **Wahrnehmungen** Sinn gegeben wird. Dieses Wissen wird im Laufe der Zeit vergessen, bleibt jedoch latent vorhanden. Wird dieses unbewusste Wissen (durch einen Reiz) aktiviert und anderen mitgeteilt oder ausgedrückt, so erscheint dies als Kreativität. Häufig wird dieser Prozess bei Künstlern, Wissenschaftlern oder Forschern sichtbar („Heureka!"[4]). Diese Zusammenhänge werden in **Abbildung 1.2** dargestellt[5].

---

[4] Heureka steht für den freudigen Ausruf des Kreativen für eine plötzliche Erkenntnis: „Ich hab's (gefunden)!".

[5] Selbstverständlich läuft dieser linear dargestellte Prozess praktisch in Schleifen ab.

Abbildung 1.2: Von der Intuition zur Innovation

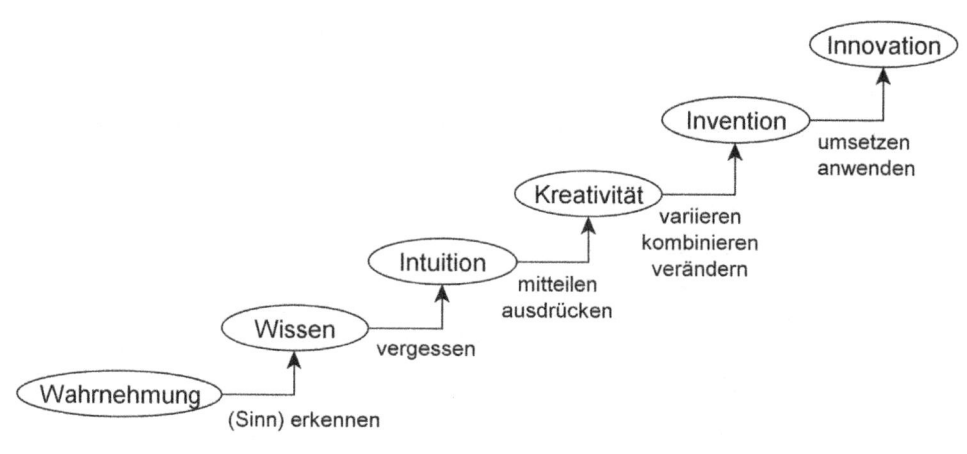

Innovation ist auch deshalb bedeutend, weil Investoren diese in der Regel mit Prämien – Innovationsprämien – vergüten (Jonash und Sommerlatte, 2000). Investoren sind bereit, für Organisationen mit Innovationsausrichtung mehr zu zahlen als für vergleichbare Unternehmen mit weniger Innovationspotenzial. Der Grund ist die höhere Nachhaltigkeit, welche durch Innovation geschaffen wird, in Form von Wettbewerbsvorteilen und generellen Vorteilen für die Stakeholder. So geht aus einer von Arthur D. Little (1997) durchgeführten Studie über die Innovation hervor, dass 90 % der befragten Unternehmen eine Steigung der Bedeutung von Innovation sehen. 95 % der Anlageberater an der Wall Street bestätigen, dass innovationsfreudigere Unternehmen einen höheren Aktienkurs verzeichnen. Auch Czarnitzki und Kraft (2004) beschreiben in ihrer Studie, dass das Innovationsengagement messbar (z. B. in Form eines ausgeprägten Patentwesens) zu höherer Profitabilität führt. In einer weiteren Befragung von 700 Unternehmen (Jonash und Sommerlatte, 2000) wurde ermittelt, dass 84 % der Befragten Innovation als ein wichtiges strategisches Ziel ihres Unternehmens ansehen und 49 % Methoden zur Steigerung der Innovationsleistung eingeführt haben.

Es werden vier Arten von Innovationen unterschieden: Prozessinnovation (Verfahrensinnovation), Strukturinnovation, Sozialinnovation und Produktinnovation. Prozessinnovationen betreffen die Veränderungen (Optimierung oder auch völlige Neugestaltung) von Abläufen. Die Strukturen (Aufbauorganisation, Verantwortlichkeiten und Zuständigkeiten) stellen den Rahmen für die Prozesse dar. Sozialinnovationen betreffen neue Formen des Umgangs zwischen Menschen, wie z. B. Kommunikations- und Kooperationsformen. Produktinnovationen beziehen sich auf die – in der Regel in Organisationen – hergestellten Leistungen (Dienstleistungen, Produkte) und sind demnach das sichtbare Ergebnis der drei zuvor genannten Innovationstypen.

Innovation ist überdies relativ und subjektiv zu verstehen. D. h., es geht um die Neuartigkeit innerhalb einer Organisation und schließt die Imitation von Leistungen und Prozessen an anderen Orten (Organisationen) nicht aus. Innovationen definieren sich dann als Innovation, wenn sie neu für eine Person, Gruppe oder eine Organisation sind.

Innovationen sind nicht nur durch das Ergebnis (neues Produkt, Verfahren, System) charakterisiert, sondern auch durch einen Prozess, einer Folge von zeitlich neben- oder hintereinander geschalteten Aktivitäten. Für Innovationen gibt es eine Reihe von Metaprozessen, z. B. den Stage-Gate-Prozess nach Cooper (2002, S. 149-161) für Produktinnovationen (**Abbildung 1.3**).

Abbildung 1.3: Stage-Gate-Prozess

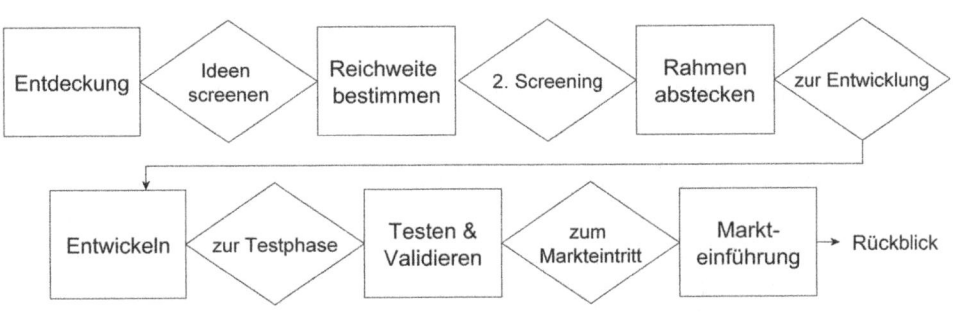

Cooper findet einen engen Zusammenhang zwischen der Qualität der Prozesse und den Ergebnissen oder Erfolgen. Dementsprechend definiert er einen Soll-Innovationsprozess, nach dem Produktinnovationen bestimmte Phasen („stages") durchlaufen, die durch Entscheidungsschritte („gates") voneinander getrennt sind. Diese „gates" legen fest, ob die Innovationsprozesse fortgeführt werden oder nicht. Die sogenannten „gate keeper" treffen die Entscheidungen über 1. den Fortgang des Projekts, 2. einen Schritt zurück, 3. Anpassungen oder 4. den Abbruch. In den Stage-Gate-Prozessen ist bereits in den ersten Phasen die Einbindung der Kunden – als Stimme des Marktes – wichtig. Generell wird den ersten Phasen der Prozesse hohe Bedeutung zugemessen. Cooper fügt später dem Innovationsprozess eine weitere vorgelagerte Phase (Ideenfindung) hinzu. Diese stellt ein systematisches Vorgehen zur Ideengenerierung dar. Am Anfang ist es wesentlich, Ideen von außen in das Unternehmen zu lassen. Diese erste Phase ist der Anknüpfungspunkt für den nochmals vorgelagerten Strategischen Frühaufklärungsprozess (**Abbildung 1.4**). Das Ziel des systematischen Stage-Gate-Prozesses ist es, durch die klar definierten Arbeitsphasen und Entscheidungsknoten, die Anzahl der Ideen frühestmöglich zu reduzieren (Fokussierung) und damit teure Entwicklungsflops zu vermeiden sowie Kosten und Ressourcen einzusparen.

Abbildung 1.4: Strategischer Frühaufklärungsprozess und Stage-Gate-Prozess

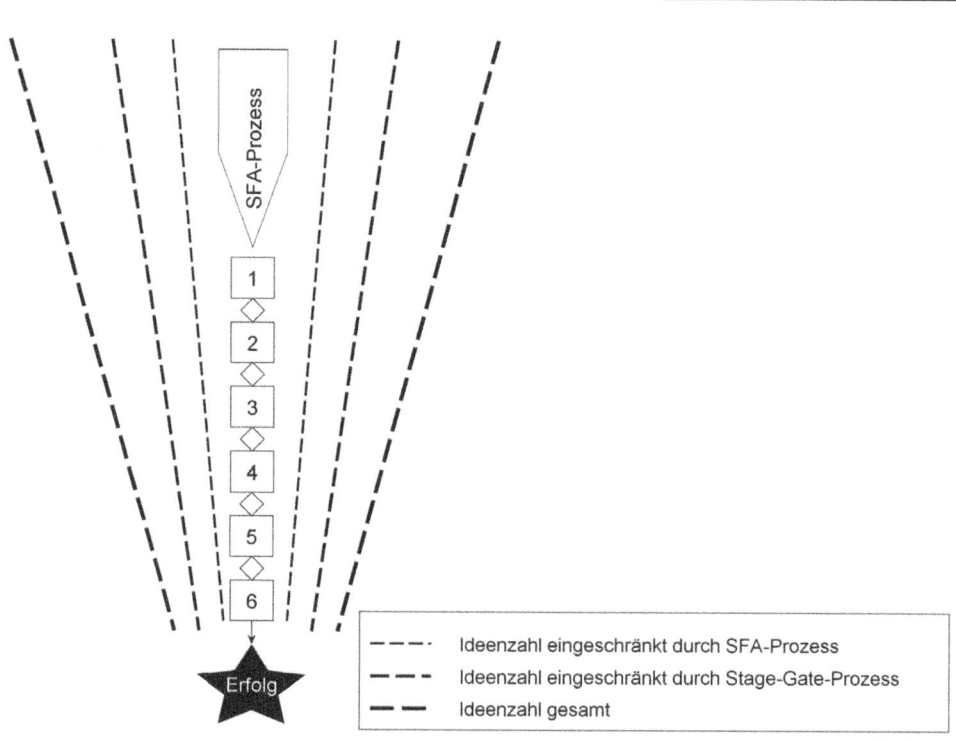

1.2 Auslöser für neue Leistungen

Ausgangspunkt für Innovationen sind die sich verändernden Umweltbedingungen. Hindle (2000) nennt zwei verschiedene Ausgangspunkte des Innovationsmanagements:

1. Innovationen passieren in besonders stark kreativ geprägten Umgebungen (vor allem in kleineren Unternehmen).
2. In großen Unternehmen entstehen Innovationen häufig geplant (durch Struktur-, System- oder Prozessänderungen).

Innovationen sind meist auf einen äußeren Bedarf zurückzuführen, seltener wird der Bedarf geplant geschaffen. Oftmals sind die Erfindungen bereits vorhanden und müssen erst auf eine aufnahmefähige Umwelt treffen, bevor sie anerkannt werden. Steigender (häufig globaler) Wettbewerb und ein sich rasch wandelndes Umfeld veranlassen Unternehmen dazu, beständig nach neuen Innovationsmöglichkeiten zu suchen und sich den Veränderungen anzupassen, da die bestehenden Strukturen und Produkte nicht mehr wettbewerbsfähig sind. Innovationen entstehen daher vielfach aus den Herausforderungen der Umwelt. Peter Drucker (2002) beschreibt sieben verschiedene Situationen, in denen innovative Möglichkeiten entstehen können:

1. Unerwarteter Erfolg
2. Inkonsistenzen zwischen Erwartungen und tatsächlicher Realität
3. Inadäquate Unternehmensprozesse
4. Überraschende Veränderungen der Industrie oder der Marktstruktur
5. Demografischer Wandel
6. Wahrnehmungsveränderungen und Modeerscheinungen durch Wirtschaftsveränderungen
7. Aufmerksamkeitsveränderungen durch neues Wissen

Umwelt kann unterschiedlich definiert werden. Wichtig für Innovationen ist das Wissen um die relevanten Umwelten. Früher wurden diese häufig negiert oder auf das Unternehmen selbst abgestimmt (produktionsorientierte Unternehmensführung) (vgl. **Abbildung 1.5**).

Abbildung 1.5: Führende Erfolgskräfte
(Quelle: Ansoff und Sullivan (1993))

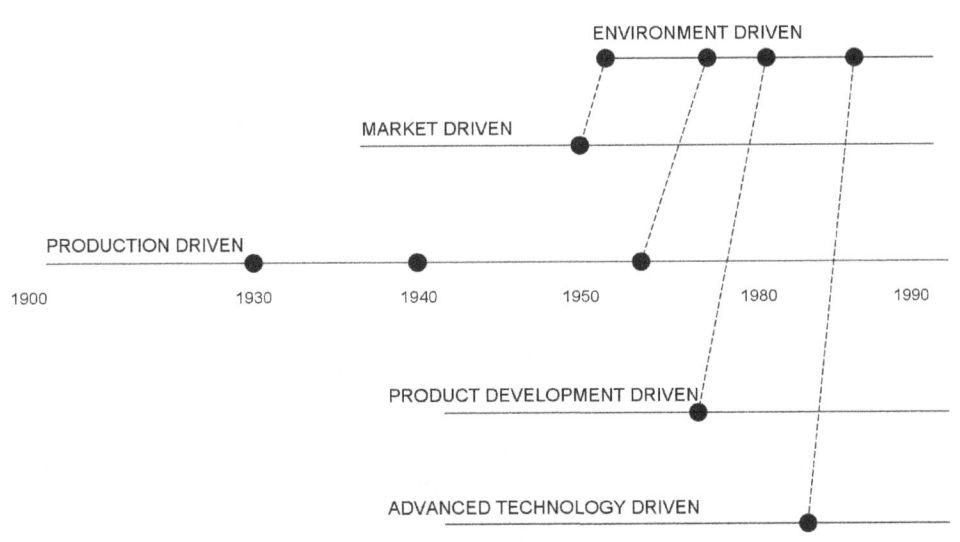

In Nachfragemärkten („market driven") bezogen die Unternehmen vermehrt Kunden/innen und deren Wünsche in ihre Strategien ein. Später konzentrierten sich einige Unternehmen auf Produktverbesserungen („product development driven"), gleichzeitig wurde vermehrt auf Forschung Wert gelegt („advanced technology driven"). Diese Erfolgskräfte befanden sich innerhalb des Unternehmens, in den Funktionen Produktion, Marketing, Produktentwicklung oder Forschung. Ab 1950 bezogen die Unternehmen zum ersten Mal vermehrt das externe Umfeld mit ein und beschäftigten sich mit der Frage über zukünftige kritische Erfolgsfaktoren und Chancen und wie diese durch Strategien beeinflusst werden können. Seither wurde die Umwelt zunehmend turbulenter. Charakteristisch für turbulente Umwelten sind folgende vier Aspekte:

1. **Komplexität:** Die Anzahl der vorhandenen Elemente in der Umwelt ist drastisch gestiegen.
2. **Dynamik:** Die Häufigkeit des Auftretens ist gestiegen und gleichzeitig die Absehbarkeit der Auswirkungen gesunken.
3. **Druck:** Regelungen begrenzen die Freiräume.
4. **Unsicherheit:** Konsequenzen der Veränderungen werden zunehmend unsichtbarer und unbekannter.

Dementsprechend steigt die Schwierigkeit der Vorhersagen. Diskontinuitäten sind typische Phänomene turbulenter Umwelten. Sie stellen unerwartete große Umbrüche dar und können aus der Unternehmensumwelt oder im Unternehmen selbst entstehen. Diskontinuitäten sind die Hauptgründe für Innovationsleistungen. Bestehende Methoden zur (langfristigen) Prognose sind für die Voraussage von Diskontinuitäten unzulänglich. Deren rechtzeitige Entdeckung wäre allerdings ein wichtiger Erfolgsfaktor.

2 Voraussetzung für Innovationen: schwache Signale

Signale sind Träger von Informationen, sie sind Zeichen (lat. signum) mit bestimmten Bedeutungen. Diese Bedeutungen erlangen sie durch Vereinbarungen (Kommunikation). Informationen oder Nachrichten werden durch Signale weitergeleitet, wobei es Sender und Empfänger geben muss. Beispiele sind Stromsignale in der Elektrotechnik oder Funksignale in der Nachrichtentechnik. Bei der menschlichen Kommunikation werden verbale (Sprache) und nonverbale (Körpersprache) Signale gesendet und empfangen. Signale werden relevant und erzeugen im günstigen Fall einen Nutzen, wenn die Empfänger über die geeigneten Sensoren verfügen, einen Sinn im Zeichen erkennen und auswerten können. Es wird dann auch als Nutzsignal bezeichnet. Im Unterschied dazu spricht man von Störsignalen, wenn diese Information be-/verhindern.

Signale sind Ausgangspunkte für Innovationen. Sie entstehen aus Turbulenzen, Veränderungen und Diskontinuitäten. Es wird zwischen starken und schwachen Signalen unterschieden. Gerade die schwachen Signale sind in Bezug auf Innovation besonders interessant.

2.1 Schwache Signale

Den Begriff der schwachen Signale erwähnt Ansoff (1975) im Zusammenhang mit Turbulenzen und Diskontinuitäten. Entscheidungen in Unternehmen werden meist aufgrund harter Fakten (messbare und eindeutige Daten) getroffen. Informationen auf der Basis weicher Fakten (intuitive, mehrdeutige, qualitative Einschätzungen) werden weniger bewusst in Entscheidungsprozesse miteinbezogen. Diese sind jedoch besonders in turbulenten und von Unsicherheit geprägten Umwelten von großer Bedeutung.

Ansoff geht davon aus, dass schwache Signale Vorboten auftretender Diskontinuitäten sind. Diskontinuitäten werfen lange Schatten, welche durch schwache Signale erkennbar werden. Schwache Signale sind frühe Anzeichen dafür, dass sich Veränderungen abzeichnen. Dies ist in der Natur der Fall, z. B. bei Katastrophen oder seltenen Ergeignissen. Beispiele hierfür sind „die Ruhe vor dem Sturm", die gelbliche Färbung des Himmels vor Gewittern oder Hagel, das ungewöhnliche Verhalten von Tieren vor Erdbeben (Kreischen der Pfaue, Unruhe und anormales Schreien der Tiere), das Zurückweichen der Uferlinie bei Tsunamis. Diese Zeichen gibt es nun nicht nur in der Natur, sondern auch in der Wirtschaft. Sie haben ihren Ursprung in neuen Meinungen, Häufungen von gleichartigen und strategischen Ereignissen, wie z. B. Veränderungen der Rechtsprechung oder der Gesetzgebung. Weitere Beispiele schwacher Signale innerhalb von Unternehmen sind: Abweichungen von der geplanten Strategie, Mangel an talentierten Personen, Veränderungen im Kundenkontakt, Verhaltensänderungen, Kommunikationsverluste, Unzufriedenheit, Streit, Unruhe.

Simon (1986) benennt die wichtigsten Eigenschaften schwacher Signale. Sie

- sind Informationen aus der Unternehmensumwelt mit relativ unstrukturiertem Inhalt.
- haben Hinweischarakter auf Innovationen, Diskontinuitäten und Bedürfnisse.
- weisen auf vage, utopische oder unrealistisch erscheinende Ideen hin.
- behandeln schleichende Veränderungen.
- manifestieren sich in intuitivem Wissen.
- sind qualitativer Natur und hinsichtlich ihrer Auswirkungen unpräzise.
- ermöglichen keine genaue Interpretation, sondern stellen unklare und schlecht strukturierte Probleme dar.
- sind Resultat von Vermutungen, Wertekonflikten und Informationsverzerrungen.

Die schwachen Signale sind somit der Gegenpol zu den starken Signalen, die einen eindeutigen Chancen- oder Risikogehalt aufweisen. Bei Naturkatastrophen sind starke Signale z. B. bei Erdbeben kleinere Vorbeben, bei Gewittern das leise Grollen der Donner. Der zeitliche Abstand zum Eintritt ist geringer als bei den schwachen Signalen, die Beziehung ist direkter und eindeutiger.

Für die Führung von Unternehmen ist es wichtig, die relevanten schwachen Signale zu erkennen, ihre Bedeutung abzuschätzen und die entsprechenden Gestaltungsmaßnahmen zu treffen. Die Führungskräfte der Unternehmen sollten Netze aufbauen, um diese Signale zu empfangen, zu bearbeiten und weiterzuleiten. Untersuchungen der WKO Oberösterreich im Jahr 2007[6] zeigen, dass nur wenige Methoden[7] zum Aufspüren innovativer Ideen den Unternehmen bekannt sind bzw. genutzt werden und zwar:

- externe Ideenquellen (Kunden, Datenbanken, Innovationsexperten, Trendforscher),
- interne Wissensquellen (Mitarbeiter, systematisches Innovationsmanagement, institutionalisierte Teambesprechungen, Qualitätszirkel, Vorschlagswesen),
- Kreativitätswerkzeuge (z. B. Brainstorming).

Quellen schwacher Signale sind z. B. Zeitschriften, Bücher, Datenbanken, Forschungsinstitute, Netzwerke. Sie nehmen Hinweise von Sendern (wie Experten, Trendsettern, Erfindern, Wissenschaftlern, Politikern ...) entgegen und verarbeiten diese weiter. Schwache Signale resultieren aus unternehmensexternen und -internen Quellen. Meistens liegt der Ursprung im externen Umfeld, und zwar in:

---

[6] Vgl. Artikel vom 02.03.2007, Martina Goldberger, portal.wko.at/wk/format_detail.wk?AngID=1&StID=304829&DstID=0&BrID=46.

[7] Nach dieser Untersuchung setzen erfolgreiche Unternehmen regelmäßiger Methoden ein als weniger erfolgreiche.

- allgemeinen Trend- und Situationsänderungen innerhalb der eigenen Branche (oder in anderen Branchen),
- Bedürfnisveränderungen und Wünschen der Kunden,
- gesellschaftlichen Veränderungen,
- Gesetzes- und Vorschriftenänderungen,
- bestehenden Kontakten mit Externen,
- Entwicklungen in der Technik,
- der geänderten Positionierung des Unternehmens am Markt.

Kundenbedürfnisse, Kundenwünsche und deren Weiterentwicklung sind in der Praxis die häufigsten Ausgangspunkte von Produktinnovationen. Ideen von Mitarbeitern/innen werden viel weniger genutzt.

Damit es zu Innovationen kommen kann, müssen die schwachen Signale von Personen im Unternehmen aufgenommen werden (**Abbildung 2.1**), und die

- bessere (einfachere oder sichere) Produktvarianten gestalten wollen (Innovatoren),
- Interesse an einem bestimmten Thema haben,
- passende Vorerfahrungen und Vorüberlegungen vorweisen (z. B. über Produkte, Produktionsverfahren, Absatzmärkte),
- Schwachstellen feststellen möchten,
- Chancen ergreifen wollen,
- das Unternehmen analysieren,
- die Kernkompetenzen, die Stärken und Schwächen des Unternehmens kennen,
- genaue Kenntnisse der Märkte und Kunden aufweisen und einen offenen und regen Dialog mit ihnen führen.

Die Außenwelt wird mit der Innenwelt des Unternehmens verknüpft. Schwache Signale werden erkannt und genutzt, um Fehler, Schäden, Krisen und Katastrophen zu vermeiden oder zu verringern sowie um Chancen zu erkennen, zu nutzen und die Wahrscheinlichkeiten von Erfolgen zu erhöhen.

Dazu werden Kompetenzen, Stärken und Schwächen im Unternehmen berücksichtigt. Umweltsignale in Form von Chancen (O) und Risiken (T) treffen auf die Unternehmensstrukturen mit ihren Stärken (S) und Schwächen (W). Damit ergibt sich die Anwendung der bekannten SWOT-Methode (= Strenghts, Weaknesses, Opportunities, Threats) (**Abbildung 2.2**).

Abbildung 2.1: Umweltsignale werden im Unternehmen aufgegriffen

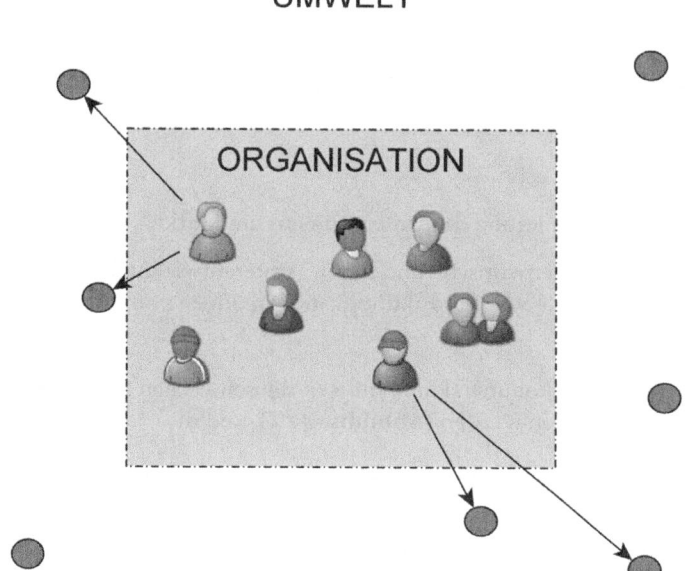

Abbildung 2.2: SWOT-Matrix

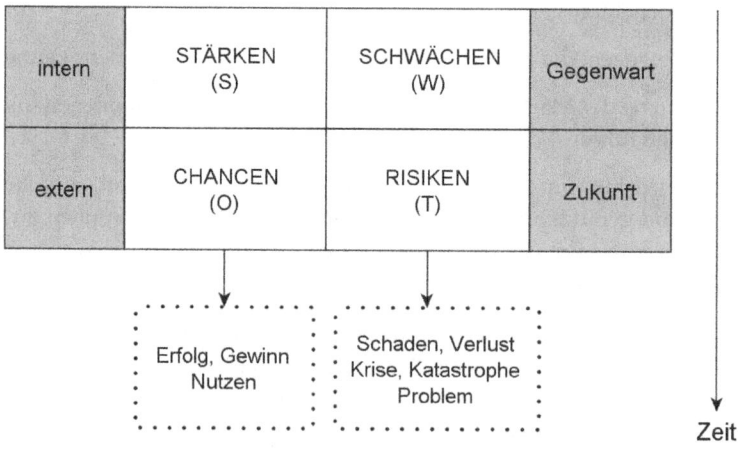

2.2 Risiken und Chancen

In der Literatur gibt es Versuche, Chancen, Möglichkeiten, Bedrohungen und Risiken zu definieren (Simon, 1986)[8]. Schwache Signale weisen beim ersten Erkennen kein eindeutiges Chancen- oder Bedrohungspotenzial auf. Erst im weiteren Verlauf wird die jeweilige Ausprägung spürbar. Oftmals kann man erst im Nachhinein feststellen, ob es sich um eine Chance oder eine Bedrohung gehandelt hat. Chancen und Risiken haben gemeinsame Charakteristika: hohe Priorität, Bedeutsamkeit, Wichtigkeit, Gewinn oder Verlust, schwere Entscheidung, Druck zu handeln, (schnelle und dringende) Aktion. Sie lassen sich jedoch auch anhand einiger Merkmale unterscheiden[9]. Chancen weisen einen klaren positiven Ton auf, während Bedrohungen mit negativen Merkmalen in Verbindung gebracht werden. Negative Signale werden bewusster als positive wahrgenommen (Ariely, 2010). Dieser Aspekt hat Auswirkungen auf den Prozess, der sich mit der Handhabung schwacher Signale befasst. Risiken werden rational, Chancen intuitiv genutzt (Fredrickson, 1985).

Die Definitionen des Chancenbegriffs in der Literatur stellen sich oftmals als problematisch heraus. So wird der Begriff der Chance fälschlicherweise mit „Zielübererreichung" in Zusammenhang gebracht (Simon, 1986). Chancen haben jedoch eher etwas mit dem Erkennen von Erfolgsfaktoren und dem Aufbau und der Sicherung von Erfolgspotenzialen zu tun (Liebl, 1991). Eine Chance zeichnet sich durch folgende Punkte aus:

- positive Assoziationen
- möglicher Gewinn, Nutzen oder Erfolg (und kein Verlust)
- wahrscheinliche Entscheidung und Lösung
- Mittel zur Lösung sind gegeben
- Autonomie zur Bearbeitung ist vorhanden
- Wahlmöglichkeit zur Handlung ist offen
- Zuständige fühlen sich für die Aufgabe qualifiziert

Im Gegensatz dazu wird eine Bedrohung oder ein Risiko mit folgenden Eigenschaften in Zusammenhang gebracht:

- möglicher Verlust, Schaden oder mögliches Problem (und kein Gewinn)
- persönlicher Schaden durch die Reaktion auf das schwache Signal
- andere Personen hemmen die Aktionen
- Zuständige fühlen sich nicht ausreichend qualifiziert

---

[8] Hier werden die Begriffe Risiko, Gefahr und Bedrohung synonym verwendet, ebenso die Begriffe Chance, Option und Möglichkeit.
[9] Vgl. Jackson und Dutton, 1988; Thomas und McDaniel, 1990; Dutton und Jackson, 1987.

Simon stellt daher fest, dass Chancen und Risiken unterschiedlich wahrgenommen werden. Zudem verstärken sich Risiken im Zeitablauf und werden zunehmend spürbar. Sie lassen sich leichter dramatisieren und bekommen einen höheren Aufmerksamkeitsgrad. Verpasste Chancen hingegen wirken nicht unbedingt auf das Unternehmen ein. Risiken und Chancen werden von den Entscheidungsträgern auch unterschiedlich interpretiert. Dasselbe schwache Signal kann für einen Manager ein Risiko darstellen, für einen anderen eine Chance.

Es zeigt sich, dass sich die Geschwindigkeiten und die Frequenz des Auftretens von Diskontinuitäten in den letzten Jahren stark erhöht haben. Die Gründe dafür liegen im technologischen, sozialen und (markt)wirtschaftlichen Bereich. Gleichzeitig haben sich die Reaktionsgeschwindigkeiten (von Unternehmen) im Durchschnitt verlangsamt. Dies liegt vor allem in der zunehmenden Größe der Organisationen (Bürokratien), den längeren Entscheidungswegen (Dienstwegen), der steigenden Informationsflut und damit der zunehmenden Unsicherheit.

Dem Unternehmen stehen zwei Möglichkeiten der Verarbeitung von Überraschungen oder Diskontinuitäten zur Verfügung:

1. Die Ex-post-Reaktion in Form eines Krisenmanagements, bei dem erst (im besten Fall unmittelbar) nach Eintritt des Risikofalls reagiert wird (im Sinn von „Brand löschen").
2. Die Ex-ante-Antizipation in Form eines Risiko- und Chancenmanagements. Hier werden Vorüberlegungen und Vorkehrungen getroffen, bevor es zu einer Überraschung kommt.

Diese beiden Ansätze sind in **Tabelle 2.1** gegenübergestellt:

Tabelle 2.1: Unterschiede zwischen Krisen- und Risiko-/Chancenmanagement

MERKMALE	KRISENMANAGEMENT	RISIKO-/CHANCENMANAGEMENT
Objekt	Schäden, Fehler	mögliche Gefahren, Bedrohungen, Risiken Chancen, mögliche Nutzen, Alternativen, Optionen
Situation	Der Schaden oder Fehler ist bereits eingetreten.	Der Schaden oder Fehler bzw. Erfolg oder Nutzen ist mit einer bestimmten Wahrscheinlichkeit in Zukunft möglich.
Strategie	Reaktionen nach dem Risikoeintritt	Reaktionen vor dem Risiko-/Chancen-Eintritt

MERKMALE	KRISENMANAGEMENT	RISIKO-/CHANCENMANAGEMENT
Aktivitäten	Feuerwehreinsatz	– Risiko-/Chancen-Entdeckung und -Identifikation – Risiko-/Chancen-Bewertung – Finden der sogenannten Risiko-/Chancen-Signale (Eintrittsindikatoren) – Eventualfallplanung – Risikobegrenzung, Risiko(ver)minderung/Chancenerhöhung – fortlaufende Beobachtung der Risiko-/Chancen-Signale (Eintrittsindikatoren)
genutzte Informationen	(sehr) starke Signale	schwache Signale

Die erste Aktivität im Risiko-/Chancenmanagement ist die Erkennung und Identifizierung der schwachen Signale. Bei der Risiko-Bewertung werden üblicherweise die folgenden Faktoren abgeschätzt[10]: Auftrittswahrscheinlichkeit, Bedeutung und Entdeckungswahrscheinlichkeit. Analog zu den (denkbaren) Fehlern oder Risiken lässt sich diese Bewertungssystematik auch für Chancen (potenzielle Nutzen) einsetzen. In einem weiteren Schritt geht es um das Finden der sogenannten Eintrittsindikatoren, das sind die Zeichen oder Signale, die (unmittelbar) vor dem Schadenseintritt – oder im positiven Fall dem Erfolgsereignis – auftreten. Auf diese ist im Folgenden besonders genau zu achten, damit Schäden vermindert und Chancen ergriffen werden können. Die Eventualfallplanung hat zum Ziel, im Fall des Gefahreneintritts – oder der sich eröffnenden Chance – die geeigneten Maßnahmen in kürzester Zeit und zu geringsten Kosten abzuwickeln. Bei der Risiko(ver)minderung erfolgt die Planung, Durchführung und Steuerung von Vorbeugungsmaßnahmen[11]. Zudem gehören zum Risiko-/Chancenmanagement die Aktivitäten, mit denen die Schäden begrenzt werden können, wenn das Risiko eingetreten ist, oder die Maßnahmen, die nötig sind, um die aufgetretenen Möglichkeiten zu nutzen. Für wirksames Risiko- und Chancenmanagement (aber auch Krisenmanagement) ist es von großer Bedeutung, wie lange die Unternehmen für die Reaktion benötigen.

---

[10] Das Produkt der drei Faktoren wird in der FMEA (Fehlermöglichkeits-und Einflussanalyse) als Risikoprioritätszahl bezeichnet. Hier wird aber nicht von Risiken, sondern von (möglichen) Fehlern gesprochen. Potenzielle Fehler sind jedoch durchaus mit Risiken zu vergleichen (Müller und Tietjen, 2000; Kamiske und Brauer, 2008; Eversheim, 2000; Bruhn, 2008).

[11] Hinweis: „Risiko(ver)meidung" bedeutet, dass keine Aktivitäten (Projekte) gestartet werden und es damit aber auch keine Chancen gibt. Damit ist diese Handlungsvariante in der Regel keine geeignete Strategie, vor allem nicht im Zusammenhang mit Innovation! Tritt ein Risiko zufällig (glücklicherweise) nicht ein, so spricht man von „Risikoverschonung". Sie ist allerdings keine Risikostrategie.

Die Unterschiede sowohl zwischen Risiko- und Krisenmanagement als auch zwischen Chancen- und Erfolgsmanagement werden in den folgenden beiden Beispielen verdeutlicht:

Brand in einer Fabrikanlage (Risiko):

Folgende Schritte werden im Falle eines **Risikomanagements** abgewickelt:

1. RISIKOENTDECKUNG: Eines der möglichen Risiken für eine Fabrikhalle kann der Ausbruch eines Feuers sein.

2. RISIKOBEWERTUNG: Die Bedeutung des Risikos ist hoch, weil durch einen Brand nicht nur das Gebäude und die Maschinen beschädigt werden können, sondern auch die darin arbeitenden Menschen gefährdet sind. Damit hat das Risiko „Brand" höchste Priorität. Es geht nicht nur um enorme wirtschaftliche Schäden (Ausfall der Produktionsmöglichkeit) und um Imageverlust (negative Werbung), sondern auch vor allem um die Verantwortung für die betroffenen Menschen.

3. BEISPIEL FÜR EIN RISIKOSIGNAL: Wahrgenommener Rauch.

4. EVENTUALFALLPLANUNG: Um Brände rechtzeitig zu erkennen, werden Sicherheitsmaßnahmen gesetzt. Sollte ein Brand ausbrechen, schalten sich z. B. die eventuell vorhandenen Lüfter ab, es warnen die Brandmelder und es wird automatisch die Feuerwehr alarmiert. Zudem gibt es Anordnungen, dass die Mitarbeiter in dieser Situation rasch die Halle verlassen und dass geschultes Personal die vorhandenen Brandlöschanlagen (Feuerlöscher) richtig nutzt. Es werden sprichwörtlich die „Feuerwehraktivitäten" geplant.

5. RISIKOBEGRENZUNG, RISIKOMINDERUNG: Mögliche Aktivitäten zur Risikobegrenzung/-minderung sind: genügend Feuerlöscher an den geeigneten Stellen anbringen, eine Alarmanlage (Brandmeldeanlage – mit entsprechend sensiblen Sensoren/Rauchmeldern, optischen und akustischen Warnsignalen) installieren, Sprinkleranlage einbauen, ausreichende Fluchtmöglichkeiten vorsehen (ohne Engstellen), Türen nach außen einfach zu öffnen, (ohne Werkzeug oder Schlüssel), freie Transport- und Fluchtwege schaffen, gut sichtbare Brandschutzpläne/Fluchtpläne an den geeigneten Stellen anbringen (zur Orientierung der Flüchtenden im Notfall), Schulungen abhalten (für die Handhabung der Feuerlöscher, Arbeitswerkzeuge und Materialien), regelmäßig Probealarme durchführen, Sicherheitsmaßnahmen auf Funktionstüchtigkeit überprüfen, Direktverbindung der Brandmeldeanlage zur Feuerwehr testen ... (viele dieser Anforderungen sind behördlich vorgeschrieben).

6. BEOBACHTUNG DER RISIKOSIGNALE: Die Risikominderungsinvestitionen sind nur dann nützlich, wenn sie fortlaufend beobachtet werden.

Krisenmanagement wird im Unterschied zum Risikomanagement in dem Fall betrieben, bei dem in der Fabrikhalle bereits ein Brand ausgebrochen ist. Im günstigen Fall funktionieren die Sicherungsmaßnahmen (die Mittel zur Risikobegrenzung bzw. -verminderng) bzw. werden diese anforderungsgemäß durchgeführt. Die geplanten

Feuerwehraktionen werden gesetzt und zukünftige Maßnahmen in die Wege geleitet. Fehlt das Risikomanagement, so sind die Betroffenen auf ihre Spontanhandlungen festgelegt.

Ideengewinnung (Chance):

Diese Schritte erfolgen im Falle eines **Chancenmanagements:**

1. CHANCENENTDECKUNG: Ein Mitarbeiter hat eine neue Idee.

2. CHANCENBEWERTUNG: Ideen von Mitarbeitern können für das Unternehmen eine große Chance bedeuten, da die üblichen Ideengewinnungsmethoden „ausgeschöpft" sind, der Mitbewerb innovativ ist und umgesetzte Ideen auf Mitarbeiter motivierend wirken. Zudem ist die Entdeckungswahrscheinlichkeit von Mitarbeiterideen im normalen betrieblichen Geschehen üblicherweise niedrig.

3. BEISPIEL FÜR EIN CHANCENSIGNAL: Ein Mitarbeiter macht in einem Gespräch eine Bemerkung über eine Verbesserung.

4. EVENTUALFALLPLANUNG: Hört jemand eine Anmerkung einer Verbesserung, eine „unübliche" Meinung zu einem Thema, ein Bedürfnis, einen Wunsch eines Kollegen oder einer Kollegin, so gibt es einen einfachen Prozess der Konservierung dieser Botschaft – z. B. in einer Ideendatenbank mit einfachem Zugang und einfacher Struktur.

5. CHANCENOPTIMIERUNG: Sie gelingt durch Schulungen des Personals in Richtung erhöhter Sensibilität und Aufmerksamkeit, das Schaffen eines förderlichen Gesprächsklimas, das Gestalten einer kreativen, positiven Unternehmenskultur, die freie, ehrliche und offene Meinung zulässt, die Gewährung von „Kreativzeiten" (Zeiten, in denen die Mitarbeiter/innen nicht produktiv sein müssen), Anerkennung bei Ideen und Vorschlägen, Ermutigung zum Experimentieren, Zulassen von Fehlern (sofern diese neu sind), Ideenbörsen, Ideenzirkel, Ideenwerkstätten, Diskussionsrunden ...

6. BEOBACHTUNG DER CHANCENSIGNALE: Die Chancenoptimierungsinvestitionen sind nur dann nützlich, wenn sie fortlaufend beobachtet werden.

Im Gegensatz dazu nutzt das reine **Erfolgsmanagement** die sich ergebende Möglichkeit (Chanceneintritt) spontan mit Hilfe der im Unternehmen vorhandenen Kompetenzen.

Die Nachteile werden vor allem im Krisenmanagement spürbar. Die Hauptprobleme sind die späte Reaktion, der damit entstehende Zeitdruck und die Unmöglichkeit, den bereits entstandenen Schaden zu verhindern oder wirksam zu begrenzen.

Teil II
Signalmanagement bei erfolgreichen Innovationen – Selbstdiagnose und Wettbewerbsvergleich

3 Strategische Frühaufklärung (SFA)

Für erfolgreiche Innovationen ist die Strategische Frühaufklärung (SFA) die (meist) unbewusste Ausgangsbasis. Als Strategische Frühaufklärung versteht man die rechtzeitige Erkennung von Risiken und Chancen durch schwache Signale sowie die Initiierung der Gegenmaßnahmen. Sie stellt das Erkennen zukünftiger Entwicklungen und das aktive Handeln in den Mittelpunkt. Dieses Signalmanagement liegt zeitlich vor den eigentlichen (bekannten und häufig beschriebenen) Innovationsphasen. Aus der Literatur ist ersichtlich, dass die SFA in der Praxis kaum angewendet wird. Wenn es Beschreibungen gibt, so beziehen sie sich auf negative Signale im Sinne eines Risikomanagements und bisher nicht auf positive Aspekte im Sinne des Chancenmanagements.

Unterschiedlichste Forschungsdisziplinen – wie z. B. die Ethik, die Organisationstheorie, die Kommunikationswissenschaften (PR), das Marketing, das Controlling und das Strategische Management – haben das Gebiet der Frühaufklärung beeinflusst und geprägt (siehe **Abbildung 3.1**)[12].

Abbildung 3.1: Entwicklungsstränge der SFA

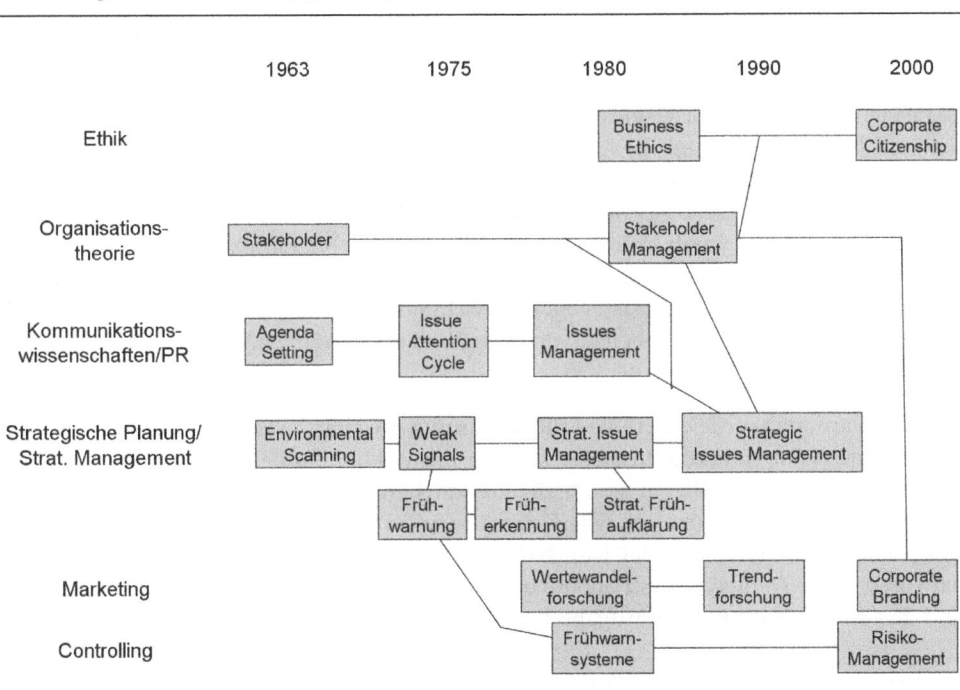

[12] Vgl. Liebl, 2003, S. 65.

Die SFA findet vor der Innovation statt und speist diese mit Frühaufklärungsinformationen (**Abbildung 3.2**).

Abbildung 3.2: Strategische Frühaufklärung vor Innovationsprozessen

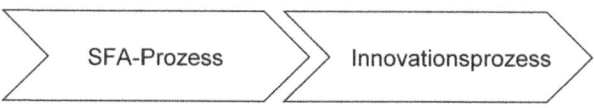

Entstanden ist die SFA im militärischen Bereich. Das Ziel war es, z. B. durch Späher, Kundschafter, Luftraumüberwachung, Spione oder Aufklärungsflugzeuge, Aktionen des Gegners frühzeitig zu erkennen. Auch die Gebiete der Biologie (Vogelwarnrufe ...), Medizin (Krebsfrüherkennung, Fieber als Anzeichen für Entzündungen ...), Technik und Konjunkturtheorie nutzen Varianten der Frühaufklärung[13].

Die Wurzeln der Frühaufklärung in der Wirtschaft liegen in den großen Veränderungen der 70er Jahre: rückgängiges Wirtschaftswachstum, wachsende Instabilität und unvorhergesehene Veränderungen. Die Unternehmen sahen sich damals zunehmend gezwungen, sowohl interne als auch externe Entwicklungen frühzeitig in ihre Planungsprozesse mit einzubeziehen.

Die ersten Ansätze der SFA wurden unter dem Namen **Frühwarnung**[14] bekannt, welche sich auf die frühzeitige Ortung von Bedrohungen konzentrierten. Gründe dafür sah man in der erhöhten Turbulenz der Umwelt und der reduzierten Flexibilität der Unternehmen. Diese Ansätze orientierten sich an **Kennzahlen und Hochrechnungen.** Durch die Unter- oder Überschreitung vorab definierter Schwellenwerte von Kennzahlen wurden Warnmeldungen ausgesendet. Die Planungshochrechnung versuchte, durch Soll-/Ist-Vergleiche frühzeitig Abweichungen festzustellen. Die Wirksamkeit dieser Ansätze war jedoch durch die ausschließliche Vergangenheitsorientierung und die einseitige Ausrichtung auf Risiken begrenzt.

Die Frühwarnung wurde durch die **Früherkennung** erweitert, welche neben den Gefahren auch Chancen mit einbezog. In dieser zweiten Entwicklungsstufe lag der Fokus auf **Indikatoren,** d. h. Größen, die in vorab definierten Bereichen positive oder negative Entwicklungen frühzeitig aufzeigen. Die Orientierung an Soll-Werten und Toleranzen spielte eine große Rolle. Gerade dort lag jedoch der Hauptnachteil dieses Ansatzes, denn es mussten vorab einige wenige, überschaubare und aussagekräftige Indikatoren definiert werden, und dies war eine schwierige Aufgabe.

---

[13] Vgl. Hammer, 1992; Klausmann, 1983.

[14] Vgl. Rieser, 1978; Gareis, 1994; Klausmann, 1983; Wiedmann, 1984; Liebl, 1991.

Die bisher letzte Stufe führte zur **Frühaufklärung** („dritte Generation" – ab 1979), welche neben der Erkennung von Risiken und Chancen auch die Initiierung von Gegenmaßnahmen, also die **Reaktion auf schwache Signale,** zum Inhalt hat. Somit sind eine verstärkte Fokussierung auf die Entwicklung strategischer Antworten und die umfassende Eingliederung in die strategische Unternehmensführung erkennbar. Diese dritte Stufe resultiert aus zwei Kritikpunkten über die Vorgängermodelle:

1. Die eigenständige Stellung und fehlende Integration der Systeme, welche sich als nicht ideal erwies und

2. der Einsatz von klassischen Theorien und Methoden, die vollkommene Informationen voraussetzen.

Die ersten beiden Generationen stellen eine operative Ausrichtung dar. Nur die dritte Generation positioniert sich strategisch und fasst Risiken sowie Chancen mit möglichen Reaktionsmustern zusammen.

Abbildung 3.3: Von der Frühwarnung zur Frühaufklärung

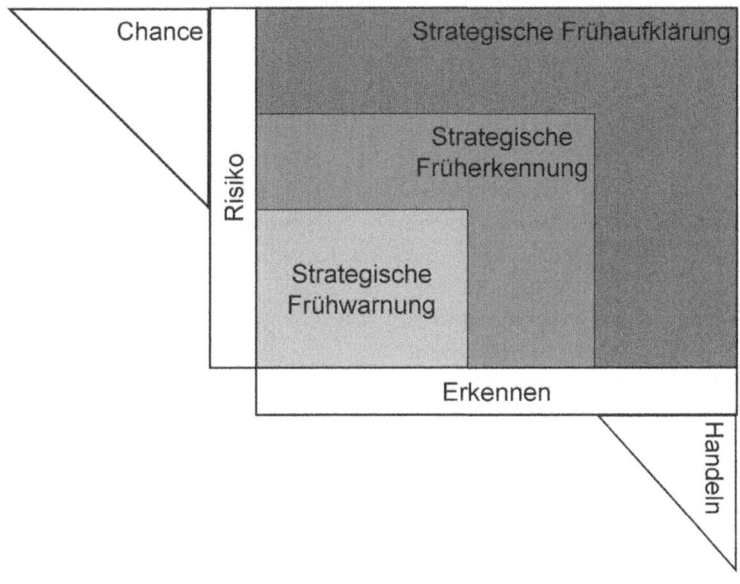

Die **Abbildung 3.3** (Krystek und Müller-Stewens, 1993 – erweitert) und die **Tabelle 3.1**[15] fassen die Erkenntnisse zusammen.

---

[15] Entnommen aus Liebl (1991); Hammer (1992); Müller (1981); Weigand und Buchner (2000); Hahn (1983).

Wissenschaftliche Untersuchungen und Studien zum Thema der SFA sind durchwegs älter. Sie zeigen, dass die SFA kaum Anwendung findet.[16]

Weigand und Buchner (2000) entwickelten die SFA weiter und benannten eine vierte Generation: die „integrative Frühaufklärung". Sie entstand aus den Forderungen der Praxis, Instrumente und Modelle aus den drei Vorgängergenerationen zu verbinden und die Handhabung damit zu erleichtern („handlungsorientierte Frühaufklärung"). Ein Grundgedanke ist dabei die Verknüpfung der Frühaufklärung mit dem Konzept des vernetzten Denkens. Obwohl sich dieser Ansatz theoretisch als Erfolg versprechend präsentiert, konnte er bislang nicht in bestehende Managementsysteme integriert und daher auch nicht eingesetzt werden.

Tabelle 3.1: Frühwarnung, Früherkennung und Frühaufklärung

CHARAKTERISTIKA	FRÜHWARNUNG STUFE/GENERATION 1 (1973-1977)	FRÜHERKENNUNG STUFE/GENERATION 2 (1977-1979)	FRÜHAUFKLÄRUNG STUFE/GENERATION 3 (AB 1979)
GRUNDSÄTZLICHE AUSRICHTUNG	– operativ – „Alarmsystem" – Weiterentwicklung der operativen, kurzfristigen Unternehmensplanung (traditionelles Rechnungswesen) und der ergebnis- und liquiditätsorientierten Planungsrechnung (Verbindung des klassischen Finanz- und Rechnungswesens mit der Unternehmenssteuerung)	– operativ und strategisch – Ausdehnung des „Frühwarnhorizontes" – Instrumente zur systematischen Krisenbewältigung	– strategisch – „strategisches" Radar" (d. h. systematische Erfassung strategisch relevanter Informationen)

---

[16] Nähere Ausführungen dazu vgl. Lasinger (2010a).

CHARAKTERISTIKA	FRÜHWARNUNG STUFE/GENERATION 1 (1973-1977)	FRÜHERKENNUNG STUFE/GENERATION 2 (1977-1979)	FRÜHAUFKLÄRUNG STUFE/GENERATION 3 (AB 1979)
BEREICHE	– bereichsbezogen – betrieblich – Anlehnung an betriebliche Funktionsbereiche – Controlling	– bereichs- oder gesamtunternehmensbezogen – betrieblich oder überbetrieblich	– gesamtunternehmensbezogen – betrieblich oder überbetrieblich
PROZESS	– Erkennen von Bedrohungen	– Erkennungen von Bedrohungen und Chancen	– Erkennen von Bedrohungen, Chancen und Reaktionen darauf
BLICKRICHTUNG	– Orientierung an unternehmensinternen Merkmalen – keine Wettbewerbsorientierung	– nicht mehr nur Rechnungswesen, sondern umfangreichere, breitere Umweltbeobachtungen – Einbeziehung des Wettbewerbs	– Orientierung an unternehmensinternen und unternehmensexternen Informationen – Konzentration auf Vorläufer von Diskontinuitäten
INFORMATIONSART	– operative, quantitative Informationen (aus Kostenrechnung, Gewinn- und Verlustrechnung, Bilanz) – Kennzahlen – Aggregation von Daten – (Einzelindikatoren)	– quantitative und qualitative Informationen – mathematisch, statistische, strukturell komplexe Indikatoren und Interdependenzen – Umwelt- und Unternehmensbeobachtungen	– schwache Signale
ZEITHORIZONT	– kurzfristig	– mittelfristig	– langfristig

CHARAKTERISTIKA	FRÜHWARNUNG STUFE/GENERATION 1 (1973-1977)	FRÜHERKENNUNG STUFE/GENERATION 2 (1977-1979)	FRÜHAUFKLÄRUNG STUFE/GENERATION 3 (AB 1979)
ANSÄTZE UND METHODEN	– einfach strukturierte quantitative Kennzahlen bzw. Kennzahlensysteme (und Indikatorenansätze) – Hochrechnungen (Rückkoppelungs- und Verkoppelungsinformationen bzw. Soll-Ist- und Plan-Wird-Vergleiche) – Soll-Ist-Vergleiche, Betriebsvergleiche, statistische Verfahren	– Umfassendere Indikatorenansätze (einfach und komplex) – Auswahl an Beobachtungsbereichen und Ermittlung geeigneter Indikatoren (die z. B. die Strategien oder die Ziele des Unternehmens beeinflussen) sowie deren fokussierte Überwachung	– neue Ansätze und keine Verfeinerung des Bestehenden, da diese wohldefinierte Informationen voraussetzen – strategisches Radar, d. h. „scanning" und „monitoring" (Intuition und analytische, gerichtete Untersuchung)
ZIEL	– Entwicklungen aus Berichtswesen und Zahlen prognostizieren – Trendbestimmungen der finanzwirtschaftlich orientierten Ergebnis- und Liquiditätsrechnung – Abbildung der Erfolgs- und Liquiditätslage in aggregierter Form	– Entwicklungen aus Indikatoren (d. h. quantifizierbarer Informationen) und deren Abweichungen ablesen	– frühes Erfassen von Diskontinuitäten und der Möglichkeit des rechtzeitigen Manövrierens – Kernaufgabe in der Unternehmensführung – strategische Grundhaltung und Leitidee

CHARAKTERISTIKA	FRÜHWARNUNG STUFE/GENERATION 1 (1973-1977)	FRÜHERKENNUNG STUFE/GENERATION 2 (1977-1979)	FRÜHAUFKLÄRUNG STUFE/GENERATION 3 (AB 1979)
SCHWÄCHEN	– Problematik der Zusammenfassung von Kennzahlen zu einem Kennzahlensystem, d. h., die Aussagekraft sinkt und Fehlinterpretationen steigen – kurzfristige und quantitative Informationen haben einen geringen Frühaufklärungscharakter – Vergangenheitsorientierung bzw. kurzfristiges Erfolgsdenken zulasten eines langfristigen Entwicklungsbewusstseins – starke Symptom- und keine Ursachenorientierung – Hard-Fact-Dominanz – Fokussierung eines Teilausschnitts – nur tragbar bei stabiler Umwelt	– geringe Fundierung (Objektivierung und Begründung der Indikatorenauswahl) – isolierte und wenig aussagekräftige Erkenntnisse aus einzelnen Indikatoren – unflexibel gegenüber neuartigen Chancen oder Risiken – oftmals keine Aussage darüber, ob Abweichungen auf interne oder externe Veränderungen zurückzuführen sind – Problematik der Aufdeckung von Kausalbeziehungen und Aufstellen von umfassenden Indikatorenkatalogen	– schwache Signale geben keine Aussage hinsichtlich der Fortentwicklung, Eintrittszeit oder deren kurz- und langfristigen Konsequenzen – kaum Hinweise auf methodisches Instrumentarium, d. h., es wird die praktische Anwendung erschwert – schwierige Operationalisierbarkeit schwacher Signale und fehlende spezifizierbare Problemrelevanz – mangelnde Anpassungsfähigkeit des Konzepts an das spezifische Unternehmenssystem – Einflüsse aus dem Verhalten der Menschen (selektive Wahrnehmung und Filterung von Informationen)

CHARAKTERISTIKA	FRÜHWARNUNG STUFE/GENERATION 1 (1973-1977)	FRÜHERKENNUNG STUFE/GENERATION 2 (1977-1979)	FRÜHAUFKLÄRUNG STUFE/GENERATION 3 (AB 1979)
STÄRKEN	– bestehende, sehr erprobte und ausgereifte Methoden und Instrumente – Grundbaustein in jedem Unternehmen – Weiterentwicklung zu Forecasts (= prognostiziert die erwarteten Ist-Werte zum Periodenende nach dem jeweils aktuellen Kenntnisstand) – Frühwarnung durch intelligente Verdichtung bestehender Informationen	– Überbrückung der Schwächen der ersten Generation (z. B. begrenzte Prognosemöglichkeiten) – große Verbreitung und Anerkennung in der Praxis und Literatur – realisierte, systematische Suche und Beobachtung von relevanten Erscheinungen und Entwicklungen innerhalb und außerhalb des Unternehmens – Orientierung an vergangenheitsorientierten Informationen und qualitativen, zukünftigen Phänomenen	– größere Möglichkeit des Unternehmens zum Manövrieren (verlängerter Handlungszeitraum) – statt einer Anpassungsstrategie ist ein gezieltes (Re-)Agieren möglich – hält zeitlich abgestufte Reaktionsstrategien für alternativ mögliche Zukunftsverläufe bereit

4 SFA-Prozess

In erfolgreichen Unternehmen warten die Manager/innen nicht darauf, dass Krisen sie zu Handlungen zwingen, die Veränderungen oder Innovationen zum Inhalt haben, sondern erkennen und nutzen Chancen aktiv. Damit ist die zeitliche Komponente, und hier in erster Linie die früheste Phase von Veränderungs- und Innovationsprozeduren, angesprochen.

4.1 SFA-Phasen

Der SFA-Prozess wird in drei Phasen unterteilt: **Activation (A1), Assessment (A2) und Action (A3)**. Er startet mit einem Trigger oder einer Aktivierung (= Inkraftsetzung, Start, Auslösung), die die Wahrnehmung eines schwachen Signals zur Folge hat („activation": A1). Darauf aufbauend werden Interpretationen, Diagnosen und Analysen angestellt („assessment": A2), die in einer Reaktion (einem Veränderungsprozess) enden („action": A3). Die Ergebnisse in den Teilbereichen sind in A1 das **Erkennen** des Signals, in A2 das **Kennen bzw. Wissen** (inklusive der Evaluierung) des Signals und in A3 das **Handeln (Lernen)** (Abbildung 4.1).

Abbildung 4.1: Basisprozess der Strategischen Frühaufklärung

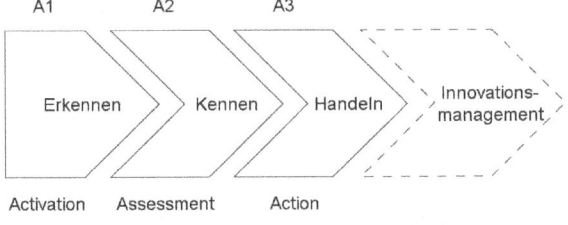

Die Ergebnisse der ersten beiden Phasen fließen in die dritte (Lernphase) ein und münden wiederum in die Activation- und Assessmentphase (Rückkopplungsschleifen). Die Qualität des Prozesses ist nur so gut wie der schwächste Teilprozess und ergibt sich als Produkt der Teilprozesse:

Qualität der Strategischen Frühaufklärung = $Q(A1) \times Q(A2) \times Q(A3)$

Wird ein Prozessschritt ausgelassen (Faktor = Null), so funktioniert der Gesamtprozess nicht. Wird z. B. kein schwaches Signal wahrgenommen, können auch keine Interpretationen oder Lernphasen folgen. Kennt man das schwache Signal nicht, kann darauf nicht reagiert werden. Gibt es keine Lern- oder Handlungsaktivitäten, so ist die Frühaufklärung nicht erfolgt.

Zeitlich vorgelagerte Prozessschritte erfahren im Verhältnis zu den Folgeaktivitäten eine besondere Bedeutung. So nehmen Entscheidungsfreiheit und Wirksamkeit im Zeitablauf eher exponentiell als linear ab (**Abbildung 4.2**). Daher verdienen diese frühen Phasen eine besonders hohe Aufmerksamkeit. Dies gilt für die Phasen A1, A2 und A3, aber darüber hinaus auch für das Verhältnis des SFA-Prozesses insgesamt in Relation zum Innovationsprozess. Es ist erstaunlich, dass trotz dieses Gesetzes die SFA-Phasen im Vergleich zu den eigentlichen Innovationsschritten bisher so gering wahrgenommen und daher auch kaum optimiert wurden. Der Grund liegt wahrscheinlich darin, dass diese frühen Phasen sehr unbestimmt, unsicher und zu einem guten Teil unbewusst bei den Beteiligten ablaufen. Damit sind auch die Beschreibung, Kommunikation und Auseinandersetzung schwierig.

Abbildung 4.2: Exponentialgesetz des Prozessmanagements (10er-Regel)

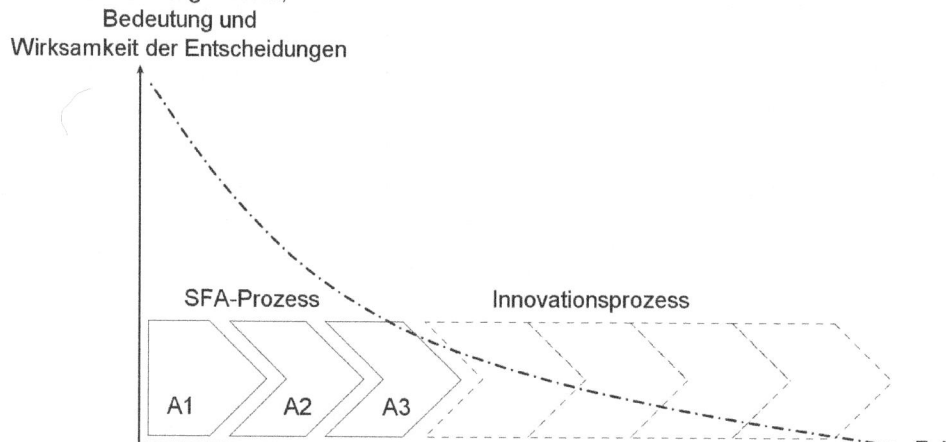

ANALYSEBOX SFA-PHASEN (A1-A3):

Bevor die einzelnen SFA-Schritte analysiert werden, sollten einige Fragen beatwortet werden:

- Wie gehen wir mit Veränderungen um?
- Wie laufen bei uns Innovationsprozesse ab? Wie gestalten sich die ersten Schritte bei diesen Vorhaben?
- Ist ein SFA-Prozess bei uns überhaupt identifizierbar?
- Können wir die drei SFA-Phasen definieren (beschreiben, abgrenzen)?

4.1.1 Activation

Ein wesentlicher Aspekt der SFA ist die Wahrnehmung und Erkennung schwacher Signale durch ein Individuum. Der Hauptfokus beim ersten Schritt des SFA-Prozesses liegt auf der unbewussten oder bewussten Beobachtung, d. h. den Aktivitäten des **Scannings** (ungerichtete Suche) und des **Monitorings** (gerichtete Suche). Die Suche kann gerichtet oder ungerichtet, formal oder informal erfolgen (**Tabelle 4.1**)[17].

Tabelle 4.1: Basisaktivitäten der Strategischen Frühaufklärung
(Quelle: entnommen aus Krystek und Müller-Stewens (1993)

	UNGERICHTETE SUCHE	GERICHTETE SUCHE	
INFORMAL	Abtasten nach (schwachen) Signalen außerhalb der Domäne, ohne festen Themenbezug	Abtasten nach (schwachen) Signalen innerhalb der Domäne, ohne festen Themenbezug	SCANNING
FORMAL	Abtasten nach (schwachen) Signalen außerhalb der Domäne, mit einem speziellen Themenbezug	Abtasten nach (schwachen) Signalen innerhalb der Domäne, mit einem speziellen Themenbezug	SCANNING
FORMAL	Beobachtung und vertiefende Suche nach Informationen außerhalb der Domäne mit speziellem Themenbezug eines bereits identifizierten Signals	Beobachtung und vertiefende Suche nach Informationen innerhalb der Domäne mit speziellem Themenbezug eines bereits identifizierten Signals	MONITORING

Fahey und King (1977) und Fahey et al. (1981) unterscheiden unregelmäßige („irregular"), regelmäßige („regular") und kontinuierliche („continuous") Scanningaktivitäten bzw. -modelle:

---

[17] Bezugspunkt bildet jeweils ein definierter Beobachtungsbereich (Domäne). Die formalen Aktivitäten beziehen sich auf ein spezielles Thema, die informalen nicht. Nach den Autoren Krystek und Müller-Stewens kann Scanning formal oder informal erfolgen, Monitoring ist stets formal. Die gerichtete Suche verläuft immer innerhalb des Themenbereiches, die ungerichtete außerhalb. Beim Scanning geht es um das Abtasten schwacher Signale, beim Monitoring ist das Signal bereits identifiziert.

1. Das unregelmäßige Modell kommt bei Ad-hoc-Überraschungen, hauptsächlich bei Krisen, zum Einsatz.
2. Das regelmäßige Modell beruht auf vermehrter Systematik, indem in gewissen Zeitabständen (z. B. jährlich) aktiv die Umwelt überprüft und bewertet wird. Obwohl sich das Modell vermehrt an Zukünftigem orientiert, basiert es hauptsächlich auf der Gegenwart und Extrapolationen aus der Vergangenheit.
3. Der dritte Ansatz, das kontinuierliche Modell, beobachtet verschiedenste Umweltbereiche anhand von Systemen, im Gegensatz zur Beobachtung von speziellen Einzelereignissen. Da die Beobachtung beständig vor sich geht, benötigt die Aktivität eine spezielle Struktur im Unternehmen (z. B. „environmental scanning unit"). Darüber hinaus liefert das dritte Modell nicht nur Informationen für spezielle Entscheidungen, Themen oder Krisen, sondern fließt in den gesamten Planungsprozess ein.

Die SFA kann sich am äußeren Unternehmensumfeld orientieren und/oder sich nach innen richten. Sie weist entweder eine **Marktorientierung** (Außenorientierung) oder eine **Ressourcenorientierung** (Innenorientierung) auf. Die unternehmensexternen Bereiche umfassen beispielsweise die Wirtschaft, Technologie oder die Gesellschaft. In den wirtschaftlichen Bereich fallen z. B. konjunkturelle und strukturelle Entwicklungen, der Absatz-, Beschaffungs-, Arbeits- und Kapitalmarkt (**Abbildung 4.3**). Nach Porter ist es günstig, auf die fünf wettbewerbsrelevanten Kräfte („five forces": Kunden, Lieferanten, Wettbewerber, potenzielle Wettbewerber, Leistungssubstitute) einzugehen.[18] Unternehmensinterne Bereiche sind z. B. das Produktprogramm, die Mitarbeiter, die Ausrüstung, die Ressourcen, die Finanzlage, die Forschung und Entwicklung sowie die Wertschöpfungsprozesse. Im internen Umfeld geht es um Kapazitäten (Kompetenzen) und Ressourcen – also Stärken und Schwächen.

Die bekannte SWOT-Analyse stellt diese (intern vorliegenden) Stärken und Schwächen den zukünftigen (extern wirkenden) Chancen und Risiken gegenüber. **Tabelle 4.2** gibt Fragen hierzu wieder.

---

[18] Dazu kommen beispielsweise noch die Medien oder der Staat.

Abbildung 4.3: Interne und extern Beobachtungsfelder

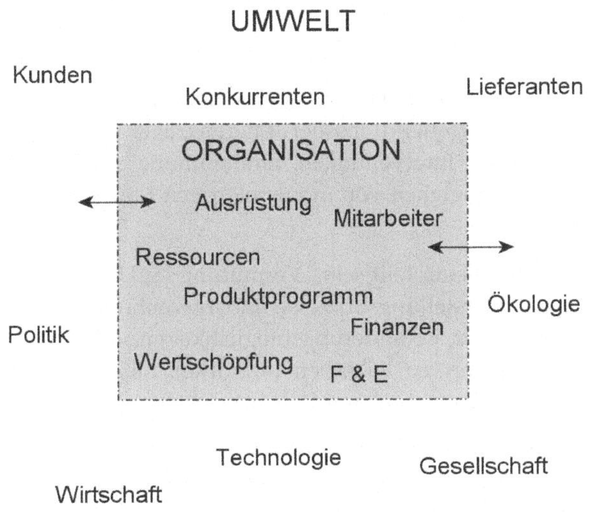

UMWELT

Kunden   Konkurrenten   Lieferanten

ORGANISATION
Ausrüstung   Mitarbeiter
Ressourcen
Produktprogramm   Ökologie
Politik   Finanzen
Wertschöpfung   F & E

Technologie   Gesellschaft
Wirtschaft

Tabelle 4.2: SWOT-Fragen

STÄRKEN	SCHWÄCHEN
Welche Stärken liegen im Unternehmen vor?	Welche Schwächen liegen im Unternehmen vor?
Woran sind sie erkennbar?	Woran sind sie erkennbar?
Wie können sie abgesichert, erhalten und/oder ausgebaut werden (Kompetenz)?	Wie können sie kontrolliert, eingegrenzt und/oder abgebaut werden (Kompetenz)?
Zu welchen Chancen führen sie?	Zu welchen Bedrohungen (Risiken) führen sie?
Welche Möglichkeiten ergeben sich?	Welche Gefahren resultieren aus ihnen?
Welche Nachteile/Bedrohungen könnten aus ihnen resultieren?	Welche Möglichkeiten/Chancen könnten sich aus ihnen ergeben?
CHANCEN	RISIKEN
Welche Chancen/Möglichkeiten sind erkennbar?	Welche Risiken/Gefahren sind erkennbar?
Was bedeutet dies für das Unternehmen heute?	Was bedeutet dies für das Unternehmen heute?
Wie sind diese Chancen nutzbar?	Wie sind diese Risiken verminderbar?

Chancen und Risiken entstehen erst durch die Gegenüberstellung der externen Signale mit den internen (z. B. den Fähigkeiten und Kompetenzen der Mitarbeiter/innen). Diese Zusammenhänge werden in den folgenden beiden Beispielen verdeutlicht:

Beispiel Chance:

- EXTERNES SIGNAL: Ein Mitarbeiter des Unternehmen vermutet eine steuerliche Veränderung (Erhöhung) betreffend fossiler Energieträger. Mögliche Ursachen/Motive könnten sein: politische Interventionen, Eindämmung der Ressourcenverknappung, Schwächung der Abhängigkeit von monopolartigen Lieferanten, Entschärfung logistischer Probleme ...

- KOMPETENZ: Der Mitarbeiter teilt seine Vermutung im Unternehmen mit. Bisher werden die wichtigsten Herstellungsprozesse im Unternehmen mit Erdöl betrieben. Kollegen/innen wissen über Veränderungsmöglichkeiten, diese mit einer anderen (regenerierbaren) Energieart zu betreiben (= Stärke). Sie können ein entsprechendes neuartiges Verfahren in annehmbarer Zeit entwickeln.

- CHANCE: Dadurch, dass das Unternehmen Pionier ist, könnte es seine Wettbewerbsposition ausbauen, Marktanteile erhöhen und zusätzliche Deckungsbeiträge erwirtschaften. Gleichzeitig würde es damit seine Reputation in der Gesellschaft erhöhen und zukünftig attraktiver Arbeitgeber sein.

- ERFOLG: Das Unternehmen realisiert die Verfahrensumstellung (die Chance tritt ein).

Das an sich negative, bedrohliche Zeichen wird durch das Zusammentreffen mit der genutzten Stärke (= Kompetenz) zu einer Chance. Anders ist dies im folgenden Beispiel:

Beispiel Risiko:

- EXTERNES SIGNAL: Ein Mitarbeiter vermutet steuerliche Veränderungen (Einführung einer Steuer) betreffend des fossilen Energieträgers Kerosin. Mögliche Ursachen/Motive sind: politische Intervention, steuerliche Gleichbehandlung der fossilen Energieträger, zusätzliche Einnahmen für den Staat, Kompensation der durch den Verbrauch dieses Energieträgers verursachten Umweltschäden, öffentliche Meinung ...

- NICHT-KOMPETENZ: Der Mitarbeiter teilt seine Vermutung im Unternehmen zwar mit, er trifft jedoch auf Unverständnis. Weder seine Kollegen/innen noch seine Vorgesetzten betrachten die Gesetzeseinführung als realistisch oder das Unternehmen ist nicht in der Lage, eine mögliche Strategieanpassung aufgrund dieses veränderten Einflussfaktors vorzunehmen. Das Unternehmen verlässt sich auf seine Lobbyingarbeit und will ungestört den Betrieb wie bisher fortführen. Daher betrachtet man die mögliche Veränderung nicht weiter bzw. bedenkt nicht die Auswirkungen auf das Unternehmen. Es gibt keine Pläne, wie mit einer möglichen Veränderung umgegangen werden soll (= Schwäche).

- RISIKO: Dadurch, dass das Unternehmen nicht adäquat reagiert, entsteht die Bedrohung (Risiko) bzw. die Gefahr, dass bei Eintritt der Steuergesetzänderung das Unternehmen seine Preise so erhöht, dass seine Leistungen nicht mehr marktfähig sind. Möglicherweise erleidet das Unternehmen durch die gestiegenen Einkaufspreise sogar finanzielle Verluste. Damit könnte seine Existenz gefärdet sein.

- MISSERFOLG/SCHADEN: Das Gesetz tritt kurz darauf in Kraft und das Unternehmen hat keine Zeit mehr, eine entsprechende Strategie zu entwickeln und umzusetzen, die die Kerosinpreiserhöhungen kompensiert (das Risiko tritt ein).

Das negative, bedrohliche Zeichen aus dem externen Unternehmensumfeld wird durch das Fehlen der entsprechenden Kompetenz im Unternehmen (= Schwäche) zu einem Risiko.

ANALYSEBOX ACTIVATION:

Umbrüche und Veränderungen treten heute vermehrt plötzlich und unerwartet auf. Für Unternehmen ist es eine Herausforderung, frühzeitig die Zeichen und Signale wahrzunehmen und zu erkennen, um zeitgerecht die richtigen Maßnahmen einzuleiten. Gefordert sind hohe Sensibilität und Aufmerksamkeit. Was passiert im Unternehmensumfeld, sowohl intern (Organisationsstruktur, Prozesse, Kommunikation) als auch extern (Kunden, Konkurrenten, Lieferanten, Politik, Umwelt, Technologie, Wirtschaft, Gesellschaft)? In der Phase Activation ist die Beobachtung dieser Bereiche die zentrale Aufgabe.

- VERGANGENHEIT:
    - Welche Auslöser für Innovationen kennen wir?
    - Welche Informationen wurden bisher zu Ideen weiterentwickelt?
    - Wenn wir an die letzte konkrete Innovation im Unternehmen denken, ...
        * wer wurde darauf aufmerksam? Mit wem hat er/sie darüber gesprochen?
        * wann war das? Wie war die Situation?
        * woher kamen die Informationen? Was war das schwache Signal?
        * wie wurden die Signale ermittelt? Wie kamen sie ins Unternehmen?
- GEGENWART:
    - Nehmen wir Veränderungen wahr?
    - Woher erhalten wir unsere Informationen?
    - Werden Informationen regelmäßig oder unregelmäßig bezogen?
    - Erkennen wir/gibt es:
        * gesellschaftliche Veränderungen?
        * Veränderungen in der Branche?
        * Veränderungen in den Kunden/Lieferanten-Kontakten?
        * Bedürfnisveränderungen?

- * Änderungen im politischen, ökologischen, ökonomischen, sozialen, technologischen, legalen Bereich?
- * Gesetzes- oder Vorschriftenänderungen?
- * Muster (wiederkehrende Ereignisse), Häufungen von Ereignissen und Trends?
- * Abweichungen von Planungen?
- * Veränderungen oder Spannungen in der Kommunikation?
- * Zufriedenheit oder Unzufriedenheit bei Personen in unserem Umfeld?
- Wer nimmt diese Veränderungen bei uns wahr?
- Wie, wie oft und wann werden sie wahrgenommen?
- Wie wird damit umgegangen?
- Wie gehen wir mit Differenzen, Unterschieden, Konflikten (Wertekonflikten) um?
- Wird über Vermutungen gesprochen?
- Werden Gefühle, Ahnungen, Meinungen, Erwartungen, Wünsche, Ideen, Bedürfnisse diskutiert?
- Welche schwachen Signale nehmen wir jetzt wahr?

– ZUKUNFT:

- Was sind wichtige zukünftige Trends?
- Welche Brüche, Diskontinuitäten könnten erfolgen?

4.1.2 Assessment

Nachdem das Signal erkannt ist, wird es ausgestaltet, interpretiert und es werden die Hintergründe, Zusammenhänge und Ursachen sowie die Auswirkungen ermittelt. Eine Methode ist z. B. die Cross-Impact-Analys (Gareis, 1994). Da die Interpretation der schwachen Signale die nachfolgenden Aktionen bestimmt, ist sie von großer Bedeutung. Das Ergebnis ist das interpretierte und verstandene Signal. Nun ist das Unternehmen bereit, über die entsprechenden Handlungen zu entscheiden.

ANALYSEBOX ASSESSMENT:

Wie gestaltet sich der Prozess Assessment in unserem Unternehmen? Die folgenden Fragen helfen bei der Einschätzung der signalbezogenen Bewertungs- und Interpretationsvorgänge.

– Können wir den wahrgenommenen Zeichen und Signalen eine Bedeutung (Sinn) geben? Welchen?

– Wie bewerten wir diese Zeichen und Signale?

- Sind die Signale eher bedrohlich oder förderlich? Handelt es sich um Bedrohungen, Risiken, Chancen, Möglichkeiten?
- Wie wirken sich diese auf das Unternehmen aus?
- Werden Zusammenhänge zwischen einzelnen Zeichen erkannt?
- Werden Ursachen ermittelt?
- Werden Zusatzinformationen eingeholt?
- Wenn wir an die letzte konkrete Innovation im Unternehmen denken, ...
  - wie wurde mit dem entdeckten Signal umgegangen?
  - wie wurde es gesehen: als positiv oder negativ?
  - welche Meinungen, Interpretationen gab es darüber?
  - gab es Bewertungsvorgänge?

4.1.3 Action

Action bedeutet die konkrete Reaktion auf ein schwaches Signal, die Implementierung von Antwortstrategien und die Kontrolle dieser Strategien. Gehandelt wird jedoch auch bereits in den Phasen Activation und Assessment. Action umfasst daher zusätzlich (hauptsächlich) Reflexions- und Lernschritte über den SFA-Prozess.

ANALYSEBOX ACTION I:

Folgende Fragen helfen, die interpretierten Signale in konkrete Handlungsanleitungen umzuwandeln.

- Was können wir mit den Signalen anfangen?
- Wie gehen wir mit Abweichungen, Fehlern, Misserfolgen um?
- Wie lernen wir?
- Sind wir reflexionsfähig?
- Welche Prozesse schließen sich dieser Phase an (Innovationsprozesse, z. B. StageGate-Prozess)?
- Wenn wir an die letzte konkrete Innovation im Unternehmen denken, ...
  - welche weiteren Schritte wurden ergriffen, nachdem klar war, dass das Signal positiv/negativ war?
  - welche Hindernisse/Probleme/förderliche Faktoren traten auf?
  - möchten wir beim nächsten Mal etwas anders machen? Was? Weshalb?
  - wie wurde aus Fehlern gelernt?

Lernen erfolgt in mehreren Schritten. Ein einfaches Modell, das die Dimension „Bewusstsein" einbaut und mit dem Lernergebnis (Kompetenz) verknüpft, führt von

1. der unbewussten Inkompetenz über
2. die bewusste Inkompetenz zur
3. bewussten Kompetenz, und bei genügender Übung (Routine) zur
4. unbewussten Kompetenz (**Abbildung 4.4**).

Der eigentliche Lernschritt erfolgt dabei zwischen den Stufen 2 und 3.

Abbildung 4.4: Stufenmodell des Lernens

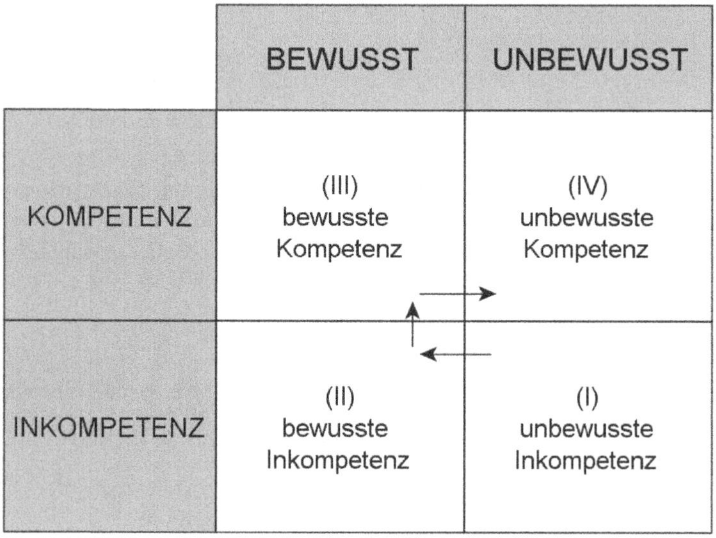

	BEWUSST	UNBEWUSST
KOMPETENZ	(III) bewusste Kompetenz	(IV) unbewusste Kompetenz
INKOMPETENZ	(II) bewusste Inkompetenz	(I) unbewusste Inkompetenz

Der Lernprozess des Autofahrens ist ein typisches und bekanntes Beispiel. Zunächst stellt das Autofahren können für die betroffene (in dieser Hinsicht naive) Person kein Problem dar (unbewusste Inkompetenz). Durch Beobachtung erkennt die Person ihre Unfähigkeit in Bezug auf das Lenken eines Autos (unbewusste Inkompetenz). Die damit verbundenen Emotionen können unterschiedlich sein: Gleichgültigkeit oder aber Problembewusstsein. Letzeres ist der Auslöser von Lernen: Die Person unterzieht sich dem Lernvorgang und gelangt im günstigen Fall zur bewussten Kompetenz, indem sie ein Auto richtig handhaben kann. Die erste Zeit des Autofahrens wird von bewussten Vorgängen dominiert (z. B. dem Kuppeln beim Schalten, dem Einhalten von Verkehrsregeln). Schließlich, bei genügender Übung, gelangen diese gelernten Inhalte ins Unterbewusste. Damit ist die Person in Bezug auf diesen Vorgang unbewusst kompetent und der Lernprozess abgeschlossen. Die Aktionen und Reaktionen erfolgen quasi automatisch und reflexartig.

Gerade im SFA-Prozess ist diese letzte Stufe von besonderer Bedeutung. Personen, die schwache Signale wahrnehmen und „richtig" reagieren (im Sinne von Innovationen), sind in hohem Maße unbewusst kompetent. Dies entspricht einem intuitiven Handelungsvorgang.

Zudem erweist sich die folgende Unterscheidung von Lernordnungen als praktikabel:

- Lernen 1. Ordnung
- Lernen 2. Ordnung
- Lernen 3. Ordnung (**Abbildung 4.5**)

Lernen 1. Ordnung basiert auf dem Prinzip des „trial-and-error", indem auf Wahrgenommenes einfach reagiert, das Ergebnis beobachtet und daraufhin wiederum „passend" reagiert wird usw. Lernen 2. Ordnung geschieht, indem Ziele entweder definiert werden oder vorgegeben sind und Handlungen darauf abgestimmt werden. Die Ergebnisse dieser Handlungen werden beobachtet und mit der Zielerreichung verglichen. Lernen 3. Ordnung bezieht darüber hinaus noch die Werte der betroffenen Person mit ein. Ein Abgleich der Ziele mit den Werten wird vorgenommen und darauf (nicht) reagiert. Es ist erkennbar, dass das Lernen von der ersten Ordnung zur dritten Ordnung hin komplexer (vielschichtiger), damit gleichzeitig auch langsamer wird.

Abbildung 4.5: Drei Ordnungen des Lernens

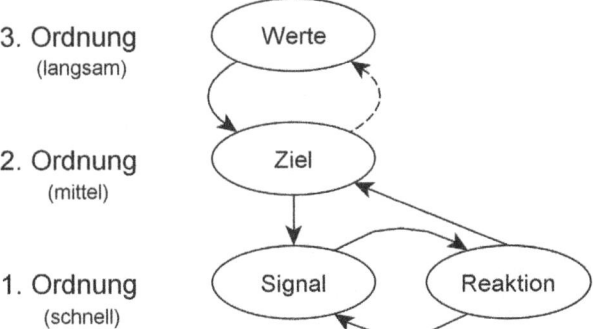

Welche Auswirkungen haben die drei Ordnungen auf SFA-Prozesse? Praktizieren Personen in Innovationsprozessen Lernen 1. Ordnung, so reagieren sie auf schwache Signale spontan und können damit erfolgreich (unbewusste Kompetenz, unbewusste Inkompetenz – Glücksfall) oder auch nicht (unbewusste Inkompetenz – Pechfall) sein. Beim Lernen 2. Ordnung ist die Situation wie folgt: Es liegt das Ziel vor, innovativ zu sein, und dieses wird entweder bewusst oder unbewusst ins Kalkül gezogen, wenn die entsprechende Situation dies zulässt. Lernen Menschen nach der 3.Ordnung, so liegt im innovativen Bereich folgende Situation vor: Das schwache Signal trifft auf die prinzipielle Bereitschaft der betroffenen Person, die (nicht nur ein innovationsrelevantes Ziel verfolgt, sondern) von Werten wie z. B. Neugierde, Experimentierfreude, Risiko usw. geleitet wird.

> **ANALYSEBOX ACTION II:**
>
> Wie lernen wir in unserer Organisation?
>
> – Welche Abläufe können wir im Unternehmen dem 4-Stufen-Prinzip zuordnen? (Automatisierung)
> – Welche Schlussfolgerungen können wir daraus ziehen?
> – Nach welchen Ordnungen lernen wir im Zusammenhang mit unseren Innovationsvorhaben?
> – Welche Bedeutung nimmt bei uns die Methode „trial und error" ein?
> – Welche Innovationsziele verfolgen wir?
> – Welche Werte leiten uns bei unseren Innovationsvorhaben?

Eine Verbindung des Lernens zur Strategischen Frühaufklärung ergibt sich aus der Forschung von „rare events", das sind Situationen, die für ein Unternehmen neu sind (z. B. Produktinnovationen (Lampel et al., 2009)), oder es werden darunter unvorhersehbare Krisen oder Umbrüche verstanden, die schädlich auf das Unternehmen einwirken, wie z. B. die Wirtschaftskrise im Jahr 2009.

Lernen kann in vier verschiedenen Arten erfolgen: 1. das Lernen **über** die raren Ereignisse, 2. das Lernen **durch** diese und das Lernen **von** diesen Situationen, entweder 3. **intendiert** oder 4. **emergent**. Die erste Art des Lernens ähnelt der Strategischen Frühaufklärung, d. h. beschäftigt sich mit der Frage, wie solche Ereignisse in Zukunft besser erkannt und behandelt werden können. Die zweite Lernart behandelt Aspekte (z. B. Fähigkeiten), die im Durchleben eines „rare events" aufgebaut werden können. Die dritte und vierte Art beschäftigen sich mit den unbewussten oder bewussten Lernprozessen, die nach „rare events" entstehen. Nach Madsen (2009) lernen Organisationen tendenziell aus „rare events", unabhängig davon, ob sie direkt ein „rare event" durchleben oder ob sie andere Unternehmen dabei beobachten.[19]

4.2 Einflussgrößen auf die SFA-Phasen

In den SFA-Phasen sind charakteristische Einflussgrößen feststellbar (Lasinger, 2010a): Individuen in A1, Gruppen in A2 und Organisationsstrukturen in A3. Übergeordnet finden sich weitere Umweltfaktoren wie z. B. externe Partner oder Kommunikationsaspekte (**Abbildung 4.6**).

---

[19] Dieses Forschungsergebnis ist allerdings fraglich. Blickt man in die Vergangenheit, so treten gewisse unvorhergesehene Ereignisse immer wieder auf. Die Betroffenen reagieren jedoch oftmals überrascht.

Abbildung 4.6: Einflussfaktoren auf den SFA-Prozess

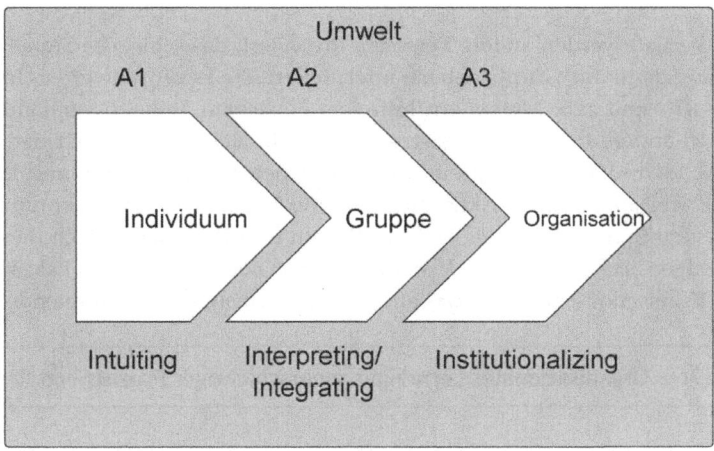

Crossan et al. (1999) weisen den Phasen in **Abbildung 4.6** verbindende soziale und psychologische Prozesse zu: „intuiting, interpreting, integrating, institutionalizing". Diese sind durch „feed-back"- und „feed-forward"-Lernverknüpfungen miteinander verbunden.

1. *Intuiting* folgt dem Verständnis des Lernens als unbewusstem Prozess durch das Feststellen von Unterschieden und Gleichheiten zwischen neu auftauchenden Informationen sowie bestehendem subjektiven Wissen bzw. Erfahrung („expert intuition") und der Verknüpfung von neuen Möglichkeiten („entrepreneurial intuition"). Intuition ist nach Crossan et al. der Beginn neuen Lernens.

2. *Interpreting* hingegen bezieht sich auf bewusste Prozesselemente des individuellen Lernprozesses durch die Schaffung kognitiver Landkarten und der ersten sozialen Involvierung anderer.

3. *Integrating* versucht, die individuellen kognitiven Landkarten zu kollektiven Aktionen zu führen, z. B. durch Verhandlungen, Dialog und Kommunikation. Hilfreich sind hier z. B. die Methoden „storytelling" oder Kreativteam.

4. *Institutionalizing* fasst die Individual- und Gruppenaspekte zusammen und hebt sie auf die organisationale Ebene, ermöglicht durch Systeme, Strukturen, Strategien oder Infrastruktur.

Während die ersten drei Prozessarten flexibel sind (sich ständig ändern können), gehen Veränderungen der vierten Prozessphase nur schrittweise vor sich. Die beiden ersten Prozessarten, „intuiting" und „interpreting", befinden sich auf der individuellen Ebene, „interpreting" und „integrating" auf der Gruppenebene und „integrating" und „institutionalizing" auf der Organisationsebene. Intuition ist bei Crossan et al. (1999) ein Prozess auf individueller Ebene, d. h. kann zwar im Gruppen- oder Organisationskontext entstehen, liegt aber immer in der Einzelperson. Organisationen können per se selbst nicht intuitiv sein.[20] Sie können aber als solche typologisiert werden, wenn die zugehörigen Personen vorwiegend intuitiv handeln bzw. von der Organisation dabei unterstützt werden.

Im weiteren Verlauf werden andere Personen involviert, das schwache Signal wird zuerst auf Individual-, dann auf Gruppenebene interpretiert. Da es oft schwer ist, Intuitionen in Worte zu fassen, sind z. B. Metaphern hilfreich, Einsichten anderen verständlich zu machen.[21] Werden andere Personen hinzugezogen, ergibt sich unweigerlich der Prozess des „integratings", d. h. der Schaffung eines gemeinsamen Verständnisses und koordinierter Aktivitäten. Erweisen sich diese Aktivitäten als effektiv und effizient, so kommt es zu einer Institutionalisierung dieser Abläufe, z. B. in Regeln und Routinen. Durch diesen Prozessschritt verfestigen sich Strategien, Visionen, Werte oder Unternehmenskulturen. Diese werden auf Organisationsebene sichtbar und wirken auch auf neu hinzutretende Mitglieder.

Abbildung 4.7: Organisationales Lernen als mehrschichtiger Prozess und Regelkreis

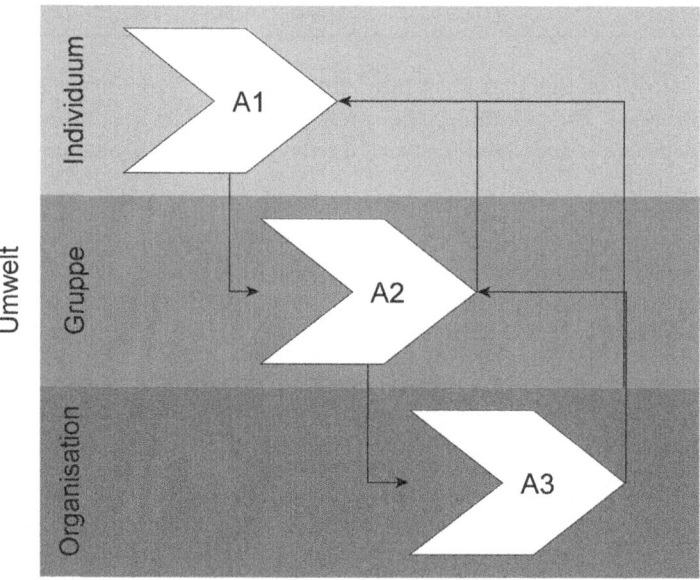

[20] Wie sie auch nicht lernen können! Dies können im engen Sinne nur Menschen. Verknüpfen sich diese jedoch in geeigneter Weise, so spricht man von organisationalem Lernen oder von „Lernender Organisation" (Senge, 2006).

[21] Dieser Gruppenprozess ist zwar nicht unbedingt nötig, wenn z. B. der Innovator/die Innovatorin genügend Macht und Ressourcen hat und die Chance selber nutzen kann (z. B. in Einzelunternehmen), aber er ist tendenziell immer dann vorzufinden, wenn mehrere Personen an der Entscheidungsfindung beteiligt sind.

Organisationales Lernen ist ein dynamischer Prozess. Je stärker die Verknüpfungen und Schleifen zwischen den einzelnen Ebenen sind, umso erfolgreicher ist der Strategische Frühaufklärungsprozess. Neue Ideen, die durch Individuen aufgeworfen werden und durch Gruppen wandern, gelangen in die Organisationsebene. Jene Umstände, die bereits gelernt wurden und sich in Organisationscharakteristika wie Strategien oder Strukturen verfestigt haben, fließen wiederum auf Individual- und Gruppenebene zurück und beeinflussen die Wahrnehmung und Handlungen der Personen und Gruppen (vgl. **Abbildung 4.7**).

4.2.1 Individuen in der Activation-Phase

Ausgangspunkte der Strategischen Frühaufklärungsprozesse in den Unternehmen sind stets die Leistungen **Einzelner:** Innovatoren, die sich durch spezifische Persönlichkeitseigenschaften auszeichnen. Den Personen gelingt es durch Intuition (aufgebaut durch einen großen Erfahrungsschatz und gute Umwelt- und Unternehmenskenntnisse), schwache Signale aus den Unternehmensumwelten wahrzunehmen und aufzugreifen. Diese Signale finden sich zumeist in den Marktumfeldern, den technologischen, den sozialen Umfeldern, den politischen und ökologischen Bereichen. Greifen die Innovatoren schwache Signale auf, so ist für den Innovationserfolg wichtig, dass die Geschäftsführungen von der Bedeutung der schwachen Signale überzeugt werden.

4.2.1.1 Innovatoren und Personen an Schnittstellen

Die Innovatoren greifen schwache Signale auf und stoßen damit die SFA-Prozesse an. Initiatoren bzw. Innovatoren nehmen im SFA-Prozess eine entscheidende Position ein, denn ohne Initiative gibt es keinen Start und keinen Prozess. Sie zeichnen sich durch spezielle Verhaltensweisen aus, es werden ihnen besondere Eigenschaften zugeschrieben:

- Kreativität und Intuition
- Verantwortung, Engagement und Eigeninitiative
- Disziplin und Konsequenz
- Neugierde und Interesse
- Lernbereitschaft
- Erfahrung und Wissen
- Positive Einstellung, Begeisterung
- Sehen Lösungen vor Problemen
- Motivatoren/innen (Überzeugungsfähigkeit)
- Offenheit (Reflexionsfähigkeit)
- Weitsicht

- Entscheidungsstärke
- Handlungsstärke

Die Innovatoren haben nur zu einem geringen Anteil ihre Ideen am Arbeitsplatz. Nach Lüthje (2003) werden circa 75 % der Ideen außerhalb der Arbeitszeit entwickelt. Magiera (2009) zeigt eine Auflistung der Orte von Ideenentwicklungsprozessen (**Abbildung 4.8**).

Abbildung 4.8: Orte der Ideenentstehung

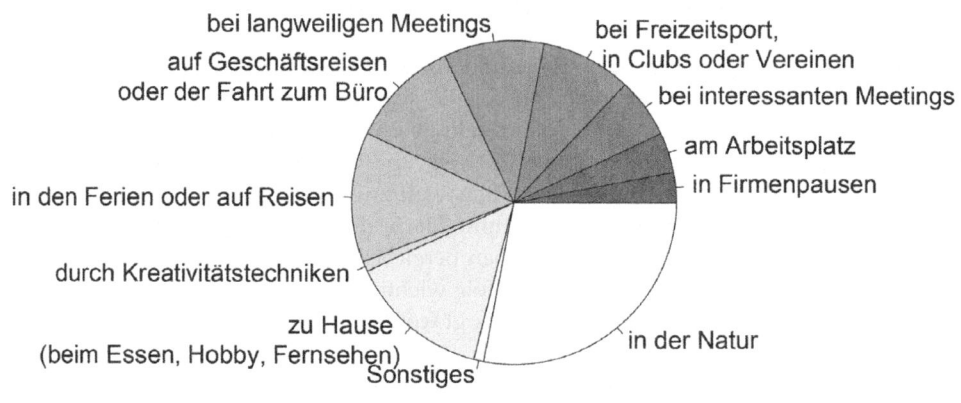

Der Autor kommt zu dem Ergebnis, dass nur rund 1 % der Ideen durch Kreativitätstechniken, 3 % in Firmenpausen, 4 % am Arbeitsplatz, 6 % bei interessanten Meetings, 9 % bei Freizeitsport, in Clubs oder Vereinen, 10 % bei langweiligen Meetings, 11 % auf Geschäftsreisen oder der Fahrt zum Büro, 13 % in den Ferien oder bei Reisen und sogar 14 % zu Hause (beim Essen, Hobby oder Fernsehen) oder 28 % der Ideen in der Natur entwickelt werden[22]. Ideen können nicht erzwungen werden. Aus diesem Grund spielen für die Signalerkennung und die Risiken- und Chancenwahrnehmung Auszeiten, Freiräume und Pausen vom operativen Tagesgeschäft eine große Rolle.

Strategische Frühaufklärungsprozesse nehmen häufig an Schnittstellen ihren Anfang (vgl. Cooper, 2002). Hier agieren meist Innovatoren. Innovationen entstehen zwar manchmal in den Entwicklungsabteilungen der Unternehmen, weit öfter jedoch außerhalb dieser Organisationseinheiten. Für den Erfolg ist die Kommunikation über die organisatorischen Schnittstellen hinaus bedeutsam, und zwar z. B. über Veränderungen, schwache Signale, Trends oder Ideen. Der Prozess wird durch informale Gespräche über Abteilungsgrenzen hinweg vorangetrieben. Diese Schnittstellen bergen häufig hohes Konfliktpotenzial, was vor allem durch das unterschiedliche Alter der betroffenen Personen, deren verschiedene

---

[22] 1 % fallen auf andere Faktoren.

Unternehmenszugehörigkeit, abweichende Erfahrungen und Ausbildungen bzw. Spezialisierungen (z. B. Verkauf und Technik) begründet ist.

Bereiche und Personen, die nicht explizit in den Innovationsprozessen beteiligt sind, bringen neue Ideen ein. Daher können SFA-Prozesse durch das Einbeziehen neuer Mitarbeitern/innen und bestehender Supportfunktionen (Spezialabteilungen) im Unternehmen profitieren. Gerade Menschen in diesen Bereichen besitzen oft großes Wissen und beschäftigen sich mit komplexen Spezialproblemen. Ihr technisches Wissen und ihr Interesse können für Innovationen wertvoll sein. Je größer ihre Erfahrung (aus benachbarten Wissensgebieten, anderen Produkten, Projekten oder Prozessen) ist, desto eher werden Risiken und Chancen passend eingeschätzt und die nötigen Entscheidungen getroffen.

ANALYSEBOX INNOVATOREN UND PERSONEN AN SCHNITTSTELLEN:

- Haben wir innovative Personen in unserer Organisation? Wenn ja, wie viele?
- Wie viele Ideen haben sie?
- Wie gut sind diese Ideen? D. h., wie viele werden realisiert?
- Wie engagiert vertreten diese ihre Ideen?
- Wie selbstständig agieren sie?
- Wie erfahren sind sie (in Bezug auf Projekte, Produkte, Verfahren ...)?
- Welche Grundeinstellungen haben diese Personen?
- Wie gut können sie ihre Ideen anderen nahebringen?
- Wie offen sind diese Personen?
- Wie entscheidungsstark sind sie? Haben sie auch den Mut zum rechtzeitigen Abbruch von Projekten?
- Wie handlungsorientiert sind sie?
- Welchen Beitrag bezüglich Innovation leistet unser F&E-Bereich? Wie ist diese Leistung beschreibbar?
- Wie werden organisatorische Schnittstellen in den Frühstadien von Innovationsprozessen überwunden?
- Wie werden andere Personen (untenehmensinterne, externe) in diese Prozesse eingebunden?
- Wie werden Signale von F&E-fernen Stellen im Unternehmen aufgenommen und in laufende Innovationsprozesse integriert oder solche damit erst angestoßen?
- Wie häufig treten dabei Konflikte auf?
- Wie wird mit diesen umgegangen? Welche Lösungsstrategien werden eingesetzt?

4.2.1.2 Führungs- und Expertenrollen

Für die Erkennung von Signalen aus der Umwelt und deren Nutzung im Sinne des Anstoßes von Innovationen sind weitere Personen von entscheidender Bedeutung. Je nachdem wie Eigentümer, Geschäftsleitung und Führungskräfte zusammenarbeiten und wie sie sich mit schwachen Signalen, Risiken und Chancen auseinandersetzen, werden diese vermieden bzw. genutzt. Eigentümer, Geschäftsführer und Manager, die von der Existenz schwacher Signale und deren Bedeutung für die Abwendung und Verminderung von Risiken und für die Nutzung von Chancen überzeugt sind, stoßen eher SFA-Prozesse an und ermöglichen damit ein aktives Risiko- und Chancenmanagement. Von Führungskräften werden bezüglich Innovation bestimmte Eigenschaften gefordert:

- Offenheit
- Mut
- Entscheidungsfreudigkeit
- Toleranz
- Disziplin und Ausdauer
- Erfahrung
- Vermittlungs-, Koordinations- und Organisationsfähigkeit
- Kritikfähigkeit

> **ANALYSEBOX FÜHRUNGS- UND EXPERTENROLLEN:**
>
> - Unterstützen in unserem Unternehmen die Eigentümer, die Geschäftsleitung und die Führungskräfte die Innovatoren – und damit Innovation?
> - Welche Rollen spielen in unserem Unternehmen das Top-Management und das mittlere Management in SFA- und Innovationsprozessen? Nehmen sie Promotorenrollen[23] ein?
> - Wie werden schwache Signale zwischen den Unternehmensbereichen und Abteilungen (vor allem Verkauf und Technik) kommuniziert?
> - Werden im Unternehmen Spezialfunktionen als Unterstützer in den SFA-Prozess einbezogen?
> - Wie viele Experten werden im SFA-Prozess eingesetzt?
> - Wie erfolgt deren Einbindung in diese Prozesse?

Personelle Veränderungen im Umfeld von Innovationsprozessen beeinflussen die Ergebnisse nachhaltig. Sie wirken sich unterschiedlich aus, positiv oder negativ. Eine starke

---

[23] Förderer: Dies kann fachlich als auch disziplinarisch erfolgen (Fachpromotoren, Machtpromotoren).

Wirkung auf das Ergebnis hat auch die Art und Weise, wie der Wechsel stattfindet (geplant oder ungeplant).

> **ANALYSEBOX PERSONELLE VERÄNDERUNGEN:**
>
> - Wie werden Projekte im Unternehmen abgewickelt? Sind die Abläufe und Rollen (Zuständigkeiten) flexibel oder bürokratisch?
> - Wie oft kommt es zu personellen Veränderungen
>   - in den Führungsrollen?
>   - in den Supportfunktionen?
>   - bei den Spezialisten?
>   - bei den Projektleitern?
> - Erfolgen die Personalwechsel innerhalb der SFA-Prozesse oder Innovationsprojekte bewusst und geplant – oder spontan, überraschend und unbegründet?
>   - Wie erfolgen Aufnahmen neuer Mitglieder in die Gruppe?
>   - Wie scheiden Mitglieder der Gruppe aus?
> - Wie werden die dabei entstehenden Konflikte behandelt? Wie sind die Ergebnisse der Konfliktlösungen?

4.2.2 Gruppen im Assessment

Überzeugungsarbeiten setzen sich in der zweiten Phase Assessment (A2) fort, sobald externe Personen und Partner miteinbezogen werden. Die Hauptträger dieser Phase Assessment sind unternehmensinterne **Gruppen,** die das schwache Signal mit Bedeutung füllen. Sie fungieren als Keimzelle im Unternehmen und weisen spezielle flexible Strukturen auf: Intern werden die Gruppen durch „Gruppenkerne" (2-5 Personen) beständig weitergeführt, und – wenn nötig – durch weitere Gruppenmitglieder flexibel ausgedehnt.

Von einer Gruppe spricht man, wenn mindestens zwei (oder mehr) Personen für einen bestimmten Zeitraum in einen direkten Kontakt treten („face-to-face"), gemeinsam auf ein bestimmtes Ziel hinarbeiten (eine gemeinsame Absicht haben), bestimmte Werkzeuge, Instrumente und Verfahren anwenden (z. B. Projektmanagement), spezifische Rollen wahrnehmen und ein „Wir-Gefühl" entwickeln. Arbeitsgruppen – als spezielle Gruppenform – sind durch eine gemeinsame Aufgabenstellung gekennzeichnet, die von den Gruppenmitgliedern bearbeitet wird. Vorzüge der Gruppenarbeit sind die kollektive Informationsbeschaffung und gemeinsame Lösungssuche. Gruppenarbeit tritt aus folgenden Gründen vermehrt auf:

- der erhöhte Kostendruck, der durch flexible Gruppenbildungen reduziert werden kann.
- die steigende Komplexität und Dynamik, die durch Gruppen besser bewältigt werden kann.

- der Wunsch nach vermehrtem Kontakt mit Menschen.
- der Trend zu Kooperationen.
- die steigenden und sich rasch ändernden Anforderungen, die Flexibilität und Lernen erfordern.

Vor allem bei innovativen Projekten wird in den Unternehmen in (Arbeits-)Gruppen gearbeitet. Im Rahmen der Analyse der SFA-Prozesse sind folgende gruppenbezogene Aspekte von Interesse:

- Heterogenität von Gruppen
- Formale und informelle Gruppen
- Gruppengröße
- Problemfelder, Konflikte

Gerade für Innovationsleistungen ist es günstig, wenn Gruppen heterogen aufgebaut sind. Dies sorgt zwar für Spannungen und Konflikte, gleichzeitig liefert die Mischung aus innovativen und weniger innovativen, erfahrenen und jungen Personen, Personen mit unterschiedlichem kulturellen und ausbildungsmäßigen Hintergrund einen Ausgleich zwischen Kreativität, Risiko und Vorsicht. Unterschiedliche Kompetenzen und Verantwortungsbereiche, Geschlechter, Firmenzugehörigkeiten, Alter und Kulturhintergründe bereichern den SFA-Prozess. Es werden mehr schwache Signale erkannt und unterschiedlicher interpretiert. Speziell für den SFA-Prozess sind informelle Gruppen vorteilhaft, obwohl durch sie üblicherweise zusätzliche Konfliktfelder im Unternehmen entstehen. Der Vorteil liegt aber in der notwendigen Flexibilität, der Schnelligkeit, der unbürokratischen Arbeitsweise, der Überbrückung von Barrieren, dem Überwinden (tradierter) Regeln und der unkonventionellen Interpretation von Signalen. Konflikte begünstigen die rechtzeitige Wahrnehmung von schwachen Signalen (mit Bedeutung für Risiken und Chancen), vor allem wenn sie entsprechend gelenkt werden.

Auch die Gruppengröße ist ausschlaggebend für die Effektivität der Gruppenarbeit. Große Gruppen ermöglichen eine größere Vielfalt an Meinungen, kritischen Stimmen und Ideen, was vor allem bei der Ideenfindung von Vorteil sein kann. Große Gruppen bieten höhere Sicherheit bzw. ein hohes Sicherheitsgefühl für die Gruppenmitglieder und für die Unternehmensführungen. Zudem führen Gruppenentscheidungen zu höherem Commitment. Allerdings erhöht sich der Koordinations- und Zeitaufwand mit steigender Gruppengröße. Deshalb wird in Unternehmen besonders auf kleine Gruppengrößen (Kernteams) geachtet. An der Peripherie werden (je nach Aufgabenstellung) weitere Gruppenmitglieder zugelassen. Kleinere Gruppen sind einfacher zu koordinieren, sie sind überschaubar. Die Gruppenkohäsion ist größer. Grundsätzlich umfassen die Kernteams zwei bis fünf Personen. Besonders wichtig ist die kleine Gruppengröße, wenn die Projekte bzw. deren Ergebnisse geheim gehalten werden sollen. In den einzelnen Phasen gehören dann verschiedene Personen zur Gruppe – je nachdem welche Kompetenzen benötigt werden. Die Gruppengröße kann aber im Laufe der Projekte auf zwanzig und mehr Personen anwachsen (**Abbildung 4.9**).

Einflussgrößen auf die SFA-Phasen

Abbildung 4.9: Fixe Keimzellen und flexible Ausdehnung der Gruppengröße

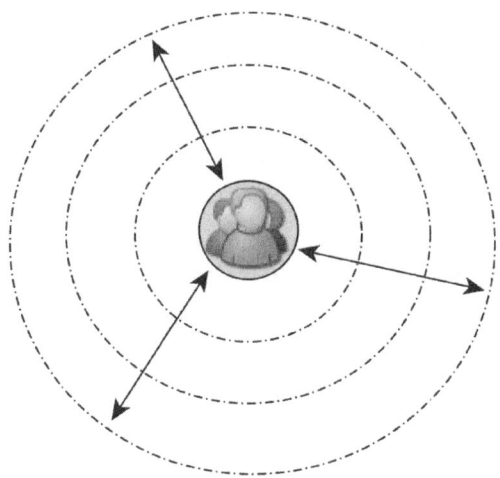

In den Untersuchungen hat sich gezeigt, dass es für den Erfolg innovativer Vorhaben wichtig ist, dass kleine Personenkreise beständig die Projekte vorantreiben und dafür auch die Verantwortung übernehmen. Diese Kernteams sind gut eingespielt und haben den besten Überblick über ihre Projekte. Das Problem ist jedoch, dass bei komplexen Vorhaben – und um solche handelt es sich bei Innovationen in der Regel – mehr Kompetenzen benötigt werden, als in den Kerngruppen vorhanden sind. Um jedoch die Nachteile großer Gruppen zu überwinden (steigender Kommunikationsbedarf, Konfliktzuwachs), werden zusätzlich nötige Gruppenmitglieder temporär in die Gruppe einbezogen. Diese werden mit eng definierten Aufgaben betraut, werden jedoch nicht mit formellen Aspekten oder der Projektplanung belastet. Damit ist es zudem gleichzeitig eher möglich, die Projekte und deren Ergebnisse geheim zu halten.

ANALYSEBOX GRUPPENARBEIT:

- Werden in unserem Unternehmen zur Abwicklung der Aufgaben im SFA-Prozess und im Innovationsprozess Gruppen betraut (formale Gruppen)?
- Wie gehen diese Gruppen mit schwachen Signalen um?
- Können sie Risiken vermindern und Chancen nutzen? Gibt es dafür konkrete Beispiele im Unternehmen?
- Werden Gruppen in unserem Unternehmen gefördert? Wenn ja, wie? (Unternehmenskultur, Kommunikationsformen, Methoden, Anreizsysteme)

Wie sind die Gruppen zusammengesetzt? Wie heterogen sind sie?[24]

- Werden in unserem Unternehmen eher formale Gruppen im SFA-Prozess eingesetzt oder bilden sich informelle Gruppen? Welche Ergebnisse liefern diese? Nach welchen Regeln arbeiten sie? Welche Methoden setzen sie ein? Wie kommunizieren sie?
- Wie viele Personen arbeiten üblicherweise in unseren Gruppen? Wie begründen sich die Gruppengrößen? Sind die Gruppengrößen starr oder gibt es diesbezüglich Flexibilität (in Abhängigkeit der jeweiligen Aufgabenstellungen oder des Projektfortschritts)?
- Welche Konflikte treten bei der Gruppenarbeit im Zusammenhang mit Innovationsvorhaben auf? Wie werden diese Konflikte vermieden (präventives Konfliktmanagement) oder gelöst?

Kreativität und Produktinnovationen entstehen durch soziale Interaktionen und die Verbreitung von „tacit knowledge" (siehe Kapitel 4.3.2) (Crott, 1979). Normalerweise können nicht alle Mitarbeiter den kreativen Input für eine Produktinnovation erzeugen. Die Zusammenarbeit in Gruppen ermöglicht den Austausch zwischen vielen Mitarbeitern, die damit zu kreativen Lösungen kommen können. Dies gelingt einerseits durch „Divergenz" und andererseits durch „Konvergenz" (Leonard und Sensiper, 1998). Divergenz bezieht sich auf das Zulassen von Vielfalt und die verschiedensten Meinungen im Prozess. Durch Konflikte oder Meinungsunterschiede entstehen kreative und neuartige Lösungen. Eine Methode ist z. B. Brainstorming. Konvergenz bezeichnet die Integration der verschiedenen Meinungen und Ansichten durch Diskussion.

Gruppen fördern deshalb nicht nur die Lösung komplexer Aufgaben – indem sie die Personalressourcen aufteilen und mehr Methoden einsetzen –, sondern auch die Erkennung möglicher Chancen. Das gelingt, weil intuitive Wahrnehmungen in einem breiteren Raum diskutiert und weiterentwickelt werden. Diese Vorgehensweise hat noch einen anderen Vorteil: Wird das individuelle implizite Wissen im Verlauf verbreitet und erhebt es sich zum Systemwissen, so ist das Ausscheiden eines Mitarbeiters/einer Mitarbeiterin nicht mit negativen Konsequenzen im Sinne eines Wissensverlustes für die Organisation verbunden.

4.2.3 Organisation in der Action-Phase

In der dritten Phase Action (A3 – Lernen) spielt vor allem die **Organisation** (Zuständigkeiten, Regeln, Abläufe) eine große Rolle. Durch Lernprozesse werden Einsichten in Strukturen, Strategien und Regeln festgehalten und manifestieren sich schließlich in den Organisationskulturen. Die für SFA-Prozesse wesentlichen Organisationsvariablen sind:

---

[24] Mischung von aktiv (Ideenbringer) und passiv Innovierenden, engagierten und zurückhaltenden Personen, erfahrenen und neuen Mitarbeitern, internen und externen Personen, Personen mit unterschiedlichen Kompetenzen und Wissensbereichen, Geschlecht, Nationalitäten.

- Ressourcen (materielle/tangible und immaterielle/intangible Ressourcen)
- Strukturen (Aufbau- und Ablauforganisation) und Regeln
- Besitzverhältnisse und Rechtsform
- Ziele, Strategie, Vision
- Kultur, Philosophie, Identität und Werte

4.2.3.1 Ressourcen

Ressourcen und deren Verfügbarkeit beeinflussen den SFA-Prozess, indem sie Druck auf die Prozesse der Signalerkennung und -nutzung ausüben (Pineda et al., 1998). Barney (1991) definiert eine Ressource als Gut, Wert, Fähigkeit, Prozess, Eigenschaft, Information, Wissen, Kenntnis, die durch das Unternehmen kontrolliert wird und die es ermöglicht, Strategien zu entwickeln, um effizient und wirksam am Markt zu agieren. Damit sind Ressourcen Stärken. Unternehmen benötigen eine Vielzahl an Ressourcen, damit sie erfolgreich sein können (Müller-Stewens und Lechner, 2005). Vier Ressourcenarten werden unterschieden:

- Hardware (Maschinen, Rohstoffe, Gebäude ...)
- Kapital
- Mitarbeiter
- Software (Managementsysteme, Systeme, Strukturen, Prozeduren, Kompetenzen, Informationen, Wissen, Werte, Einstellungen, Interessen ...).[25]

Können Unternehmen Ressourcenpolster aufbauen, so ist es ihnen möglich, strategische Entscheidungen hinauszuzögen und mit bereitstehenden Ressourcen zu verharmlosen („fat cat syndrome", „illusion of invulnerability"). Verfügen Unternehmen über geringe Ressourcen, so werden Alternativen nicht wahrgenommen („resource shortage") (Dutton und Duncan, 1987).

Intangible Ressourcen Im Zusammenhang mit der SFA ist die Unterscheidung der Ressourcen in tangible und intangible und die sogenannten „slack resources" von Interesse. Intangible Ressourcen (wie Information oder Wissen) sind im SFA-Prozess wichtig. Müller-Stewens und Lechner (2005) nennen intangibles Wissen „der Organisation nicht zugängliches, individuelles Wissen". Nonaka und Takeuchi (1997) unterscheiden zwei Wissensarten: „explizites"[26] und „implizites"[27] Wissen. Wichtig für Organisationen ist, dass

---

[25] Johnson et al. (2005) unterteilen in physisch/technische, finanzielle, „menschlich/humane" Ressourcen und intellektuelles Kapital.

[26] Explizites Wissen beschreibt objektives Wissen und beinhaltet Verstandeswissen (Geist), sequentielles Wissen und digitales Wissen (d. h. Theorie).

[27] Implizites Wissen (auch „tacit knowledge") hat subjektiven Charakter und enthält Erfahrungswissen.

das implizite Wissen an andere Personen weitergegeben und damit explizit wird. Nur durch die Wissensteilung kann dieses Wissen der Organisation nutzen. Durch das Zusammenwirken der zwei Wissensarten (explizit/implizit) entsteht ein effektives Instrument für Innovationen und Lernen und ermöglicht Neuerfindungen. Je mehr der Ressource „implizites Wissen" vorhanden ist, umso eher und schneller können Chancen wahrgenommen und genutzt werden (Eisenhardt, 1989).

Ungenutzte Ressourcen Ungenutzte Ressourcen („slack resources") sind für SFA-Prozesse von besonderer Bedeutung (Bourgeois III, 1981). Sie sind jene Ressourcen, die ungebraucht im Unternehmen liegen und als Puffer oder Polster z. B. bei großen Umbrüchen dienen können (Sharma, 2000). Zudem ermöglicht diese Ressourcenart, mit Neuem zu experimentieren. Sie dient dazu, den nötigen Freiraum für Innovatoren zu schaffen. Ungenutzte Ressourcen ermöglichen es, kleine Schwankungen im Umfeld auszugleichen und schnell zu reagieren. Somit stehen sie auch für größere Flexibilität (Chattopadhyay et al., 2001). Sie können jedoch auch nötige Veränderungen verdecken und hinauszögern. Nohria und Gulati (1996) kommen zum Ergebnis, dass zu viel ungenutzte Ressourcen Innovation behindern, weil die Disziplin bei der Durchführung von Innovationsprojekten leidet, zu wenig dieser Ressourcenart verhindert das für Innovationen notwendige Experimentieren.

ANALYSEBOX RESSOURCEN:

- Welche Ressourcen stehen uns für Innovationsvorhaben zur Verfügung: Hardware, Kapital, Mitarbeiter, Software?
- Wie werden sie genutzt?
- Welchen Stellenwert haben in unserem Unternehmen implizite Ressourcen für Innovationsprojekte? Woran erkennen wir dies?
- Welche förderlichen und hinderlichen Faktoren treten in unserem Unternehmen bei der Wissensvermittlung auf?
- Wie wird bei uns Wissen weitergegeben?
- Wie verbreitet sich bei uns Wissen (Individuum, Gruppe ...)?
- Haben wir genügend ungenutzte Ressourcen?
- Wie gehen wir mit diesen überschüssigen Ressourcen um? Werden sie genutzt? Wenn nein, warum nicht?

4.2.3.2 Strukturen und Regeln

Im Mittelpunkt des SFA-Prozesses stehen zu Beginn Individuen. Diese finden und lösen einerseits Probleme, andererseits schaffen sie Probleme (Liedtka und Rosenblum, 1996). Probleme finden, lösen und schaffen sind Vorgänge, bei denen Intuition und Rationalität zum Einsatz kommen. Sie können überall in den Unternehmen stattfinden. Der SFA-Prozess ist aber nicht ein rein personenbezogenes Thema, sondern bezieht sich auch auf Aspekte wie Struktur, Strategie oder Kultur. Verhalten wird von der Umwelt und von

Persönlichkeitscharakteristika gelenkt (Wood und Bandura, 1989). Personen verhalten sich in einer gewissen Weise, beeinflussen somit Strukturen. Strukturen wiederum steuern implizit oder explizit das Verhalten der Personen. Das Verhältnis ist somit reziprok und beide Einflussfaktoren können nicht getrennt voneinander betrachtet werden (**Abbildung 4.10**)[28]. Augenscheinlich ist jedoch, dass (zumindest kurzfristig) Strukturen (menschliches) Verhalten bestimmen. Langfristig (bei genügender Ausdauer der Individuen) können Verhaltensweisen jedoch auch Strukturen beeinflussen.

Abbildung 4.10: Zusammenhang von Verhalten und Struktur

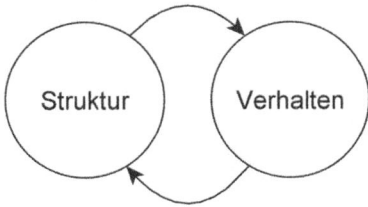

Aretz (1999) versteht ein Unternehmen als Interaktion zwischen Akteuren, die bewusst oder unbewusst Struktur produzieren oder reproduzieren und damit Systeme durch Praktiken, Codes und Handlungsprinzipien schaffen, die die Unternehmen von der Umwelt abgrenzen. Strukturen ermöglichen es, die Umweltkomplexität zu systematisieren und zu reduzieren, indem Umweltinformationen gefiltert, interpretiert und in spezifischer Form weiterverarbeitet werden. Die Organisationsstruktur bezeichnet „eine durch Regeln geschaffene Ordnung eines sozialen Systems" (**Abbildung 4.11**) (Steinmann und Schreyögg, 2000).

Abbildung 4.11: Regeln als bestimmende Faktoren für Struktur und Verhalten

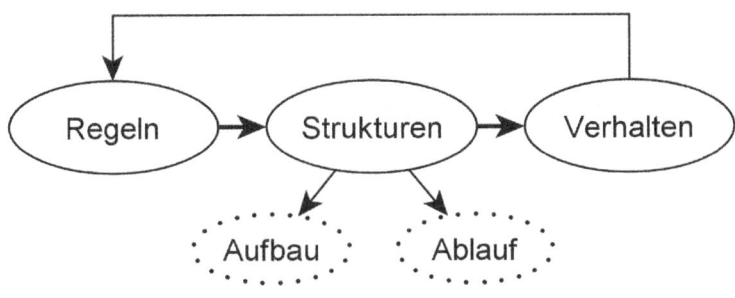

---

[28] Dies führt zum „Henne-oder-Ei-Dilemma". Was war vorher da?

In Unternehmen sind drei Arten von Regeln feststellbar (Simon, 2004): grammatische, informale und technische Regeln. **Grammatische Regeln** sind ungeschrieben, unausgesprochen, aber wirken dennoch massiv. Sie sind durch die Vergangenheit der Organisation definiert und gründen sich im Wesentlichen auf Verbote („Du darfst nicht ...!"). Sie spiegeln die Tradition des Unternehmens wider, sie sind entweder dokumentiert oder auch nicht, denn „jeder weiß ohnehin, was man (nicht) darf". **Informale Regeln** stellen den Gegenpol dar: Sie sind modern, attraktiv für die Organisationsmitglieder und vor allem durch Gebote festgelegt („Du sollst ..., wenn Du zu uns gehören willst!"). Es ist typisch für diese Regelkategorie, dass sie nicht verschriftlicht ist. Die Botschaft wird nur durch verbale und nonverbale Zeichen an die Adressaten vermittelt. Es ist eine Frage der Zeit, bis ein Spannungsfeld zu den grammatischen Regeln entsteht, unter dem die Betroffenen zu leiden beginnen. Durch die Einführung technischer Regeln („Wenn ..., dann ...!") sollen diese Probleme gemildert bzw. die Situationen praktikabel gemacht werden. **Technische Regeln** sind rational begründet und explizit durch Ge- und Verbote determiniert. Sie werden bewusst institutionalisiert, häufig unter Heranziehung externer Experten (Berater), und erhalten ihre Legitimation durch die Unternehmensführungen (**Abbildung 4.12**). Sie sind praktisch immer schriftlich verfasst. Häufig ist die Einführung dieser technischen Regeln in die Unternehmenspraxis mit mehr oder weniger großen Widerständen (Barrieren) konfrontiert, denn es bedarf Zeit und Kraft, um die eingefahrenen Schemata durch neue zu ersetzen.

Abbildung 4.12: Regeln in Organisationen

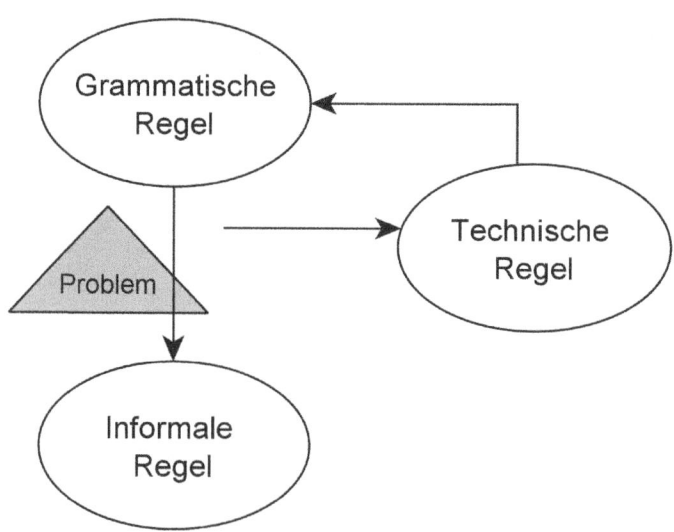

Die folgenden beiden Beispiele sollen die drei Regelarten für eine Innovationssituation und für eine „allgemeine Organisationssituation" verdeutlichen.

Beispiel allgemeine Führungssituation:

- GRAMMATISCHE REGEL: „Sei loyal dem Unternehmen (Unternehmensführer) gegenüber!"
- INFORMALE REGEL: „Ich (als Mitarbeiter der Organisation) möchte in meiner Gruppe integriert sein, von meinen Kollegen geachtet (bewundert) werden – daher hebe ich mich mit meinem Tun ab."
- TECHNISCHE REGEL: „Um unterschiedliche Meinungen und Verhaltensweisen rechtzeitig abzustimmen, sind regelmäßig Feedbackrunden und Befragungen durchzuführen."

Beispiel Innovationssituation:

- GRAMMATISCHE REGEL: „Wir sind ein Unternehmen, das bisher noch in jedem Jahr neue Produkte auf den Markt gebracht hat. Wir dürfen uns keine Flops erlauben. Wir müssen als innovatives Unternehmen wahrgenommen werden!"
- INFORMALE REGEL: „Wir (als Mitarbeiter des Unternehmens) möchten bei der Entwicklung neuer Produkte beteiligt sein, darauf Einfluss nehmen und auch entsprechend anerkannt bzw. belohnt werden."
- TECHNISCHE REGEL: „Zur Initiierung und Abwicklung von Produktentwicklungsprojekten dient der dokumentierte Innovationsprozess mit der klaren zeitlichen Gliederung der Aktivitäten, den Kontrollpunkten und den Zuständigkeiten und Verantwortlichkeiten. Damit soll gewährleistet sein, dass jährlich zumindest ein neues Produkt erfolgreich am Markt platziert wird."

Die Regelarten können im Einzelfall kongruent (sich gegenseitig unterstützend oder bestärkend) oder – im schlechten Fall – widersprüchlich ausgestaltet sein. Dementsprechend wirkt sich dieser Umstand auf die Abläufe und Verhaltensweisen der beteiligten Personen aus.[29]

Organisationstrukturen werden üblicherweise in Form von Organigrammen (Zusammenstellung der Funktionen oder Stellen und damit der Verantwortlichkeiten), Prozessen (Ablaufbeschreibungen) und Regeln (Anweisungen, Richtlinien) dokumentiert und (offiziell) kommuniziert. Die Erfahrung zeigt, dass die gelebte Praxis stets von diesen beschriebenen Zuständen abweicht. Häufig liegen sogar gleichzeitig unterschiedliche und oft widersprüchliche Versionen vor.

---

[29] Jede Organisation besitzt Regeln bzw. lebt nach diesen (bewusst oder unbewusst). In gesunden Organisationen wird über Regeln diskutiert und verhandelt. Die Regeln sind hier also bis zu einem gewissen Maß flexibel. In kranken Organisationen werden Regeln tabuisiert, sie sind starr und undiskutierbar (dogmatisch).

Wie aus **Abbildung 4.11** erkennbar, beeinflussen Regeln die Prozesse und damit die Planungen, die Unternehmenssteuerung, die Strategien und somit auch die Innovationsvorhaben.

Die Aufbauorganisation charakterisiert Unternehmen (Müller-Stewens und Lechner, 2005) in starker Weise. Klassische Einliniensysteme mit ihren schnellen Entscheidungen wirken auch im SFA-Prozess anders als Formen der Matrixorganisationen. Letztere unterstützen die Erkennung schwacher Signale und damit Innovationsleistungen, indem sie einen größeren Spielraum zwischen Freiraum und Regelwerk schaffen, wesentlich mehr Schnittstellen produzieren und damit vielfältigere Kommunikation ermöglichen. Die betroffenen Personen sind konkret einem Fachbereich zugeordnet (und gewinnen dadurch Sicherheit), während sie gleichzeitig (z. B. in Projekten) systemübergreifend zusammenarbeiten. Der Preis der komplexeren Struktur sind allerdings erhöhter Koordinierungs- und Kommunikationsaufwand sowie Zeitverzögerungen und Konflikte. Spartenorganisationen (produktorientierte Organisationen, mit Ausrichtung auf den Absatzmarkt) ermöglichen die Nähe zu den Kunden und fördern damit ebenfalls die Entdeckung schwacher Signale und Innovationsprozesse.

Größere Unternehmen zeigen gegenüber kleineren eher ein Mehr an bürokratischer Ausgestaltung (Formalisierung), höhere Legitimität und Stabilität. Bürokratie kann Innovationen verhindern, da längere Kommunikationswege und Kontrollwege hemmend wirken und zu Starrheit führen (Verlust an Flexibilität) (Day, 1994; Chattopadhyay et al., 2001). Greiner (1998) spricht in seinem Wachstumsmodell die Kreativität kleinerer Unternehmen an, die in der Folge durch Phasen der Kontrolle, Steuerung und Koordination abgelöst wird. Vermehrte Formalisierung (durch Wachstum) bringt Effizienzvorteile, wirkt sich allerdings nachteilig auf die Flexibilität aus (Gefahr der Trägheit). Flexibilität stellt bei der Risiko- und Chancenerkennung – auch bei Innovationen – einen kritischen Erfolgsfaktor dar.

Der Zentralisierungsgrad beschreibt die Konzentration bzw. Verteilung der Kommunikation und damit die Machtverhältnisse und Einflusssphären. Mit diesem Organisationsaspekt wird die Schnittstellenproblematik besodners deutlich sichtbar. Ein Vorteil der Zentralisierung ist die direkte Involvierung der obersten Führungskraft in alle strategisch relevanten Tatbestände und somit die vollständigere Informationsbasis und schnellere Reaktionsbereitschaft (hohe Effektivität bei zentralen Strukturen; (Crott, 1979)). Allerdings kann dies zu einer Überforderung der Leitung führen. Ein weiterer Grund der Zentralisierungsanstrengungen ist die damit verbundene höhere Automatisierung und Standardisierung von Abläufen. Es werden Durchlaufzeiten reduziert und häufig wird auch die Qualität erhöht. Die Kontrollierbarkeit steigt. Nachteilig ist die sinkende Entscheidungsbefugnis dezentraler Stellen und die fallende Motivation der Beteiligten. Dezentralisierung hingegen führt zur Aufteilung von Information und Macht und schwächt damit unter Umständen die oberste Führungsebene, stärkt jedoch die untergeordneten Stellen.

Je größer Unternehmen sind, umso dezentraler sind die Strukturen und umso mehr Entscheidungsinstanzen gibt es (Rieser, 1980). In GU wird die Weitergabe auf Basis von Regeln („routing-rules", d. h. wer darf mit wem über was reden, und „filtering-rules", d. h. Regeln über die Auswahl, Verdichtung und Auswertung von Informationen) stärker reguliert, standardisiert und organisiert. Verzögerungen und Verzerrungen können die Folge sein. Je mehr Stufen eine Information überqueren muss, um zum Entscheidungsträger zu gelangen, desto mehr Verzerrungen und Verdichtungen werden vorgenommen. Wettbewerbsdenken innerhalb des Unternehmens kann zur Reduktion nutzbringender Kommunikation führen. Im Gegensatz dazu bedienen sich MU aufgrund ihrer kleineren und lockereren Strukturen weniger Formalismen. Die Kommunikation verläuft größtenteils informal, situationsbezogen und als Ergebnis bestimmter, konkreter, wahrgenommener Ereignisse. Die Geschäftsleitung ist stark und direkt in das Tagesgeschäft eingebunden, bringt direkt ihre Erfahrungen ein. Es werden weniger analytische Methoden und Auswertungsmechanismen eingesetzt.

ANALYSEBOX STRUKTUR:

- Welche Regeln bestimmen unsere SFA- und Innovationsprozesse?
  - Wie lauten die grammatischen Regeln?
  - Welche informalen Regeln gibt es?
  - Welche technischen Regeln erleichtern diese Prozesse?
  - Wie werden die Regeln kommuniziert?
- Welche Prozesse verwenden wir bei der SFA und bei Innovationsvorhaben?
- Welchen Nutzen ziehen wir daraus? Welche Nachteile? Welche Schwächen treten auf?
- Wie ist unser Unternehmen strukturiert? Liegt ein Einliniensystem oder eine Matrixform vor? Gibt es eine funktionale Strukturierung oder dominiert die Sparten/Produktorganisation? Wirkt sich eine Regionalgliederung aus? Welche Bedeutung hat Projektmanagement? Wie wird priorisiert?
- Welche Spannungsfelder treten in diesem Zusammenhang auf?[30]
- Welche Rollen werden im SFA-Prozess wahrgenommen?
- Wie leicht sind Rollen und Abläufe an neue Situationen und Bedingungen anpassbar (Flexibilität)?
- Wie viele Personen sind wie – und an welchen Stellen – im SFA-Prozess eingebunden (Zentralisierungsgrad)? Wie sind die Kommunikationsstrukturen?

4.2.3.3 Besitzverhältnisse und Rechtsform

Die empirischen Studien (Lasinger, 2010a) haben gezeigt, dass weder die Rechtsform noch die Besitzverhältnisse an sich einen erkennbaren Einfluss auf die SFA-Prozesse ausüben. Wichtiger sind die Einstellungen der leitenden Personen zum SFA-Prozess und dessen

---

[30] Mehrdimensionale Organisationsstrukturen provozieren Konflikte (programmierter Konflikt).

Ausgestaltung. Diese wirken sich stark auf die Wahrnehmung schwacher Signale, deren Interpretation und auf die Reaktionen aus. Sichtbar ist dieser Umstand bereits in der starken Involvierung der Unternehmensleitungen in der ersten Phase der SFA-Prozesse. Sind die Unternehmen in Besitz von Familien und sind die Eigentümer stark präsent, dann steuern sie den SFA-Prozess maßgeblich. Befinden sich die Unternehmen im Streubesitz (AG), wirken Geschäftsleitungen und Manager stärker auf das Unternehmen ein. Hauptaktionäre (und Muttergesellschaften) üben einen starken Einfluss auf die Gestaltung von SFA-Prozessen aus.

4.2.3.4 Ziele, Strategie, Vision

Auch Strategien, Ziele und Visionen beeinflussen die Aufmerksamkeit und die Interpretationen durch die Personen im SFA-Prozess. Sie legen den Ausschnitt der Beobachtung und Wahrnehmung fest. Nur Signale, die in diesen Bereich fallen, werden berücksichtigt und erlangen Bedeutung für das Unternehmen. Ziele sind konkrete Beschreibungen dafür, was Personen oder Unternehmen erreichen wollen (Senge et al., 1994). Strategien sind die Wege zu diesen Zielen[31]. Visionen sind Bilder der Zukunft, die man gestalten möchte (Senge et al., 1994) und dienen der Orientierung und Zielsetzung. Sie sind oft in Leitbildern niedergeschrieben und werden damit bewusst und kommunizierbar[32].

Bei allen befragten Unternehmen (Lasinger, 2010a) stand das Anstreben oder die Verteidigung der Innovations- und Technologieführerschaft im Mittelpunkt. Der Hauptfokus lag bei den Kunden bzw. der Bedürfniserfüllung dieser Zielgruppe. Gerade diese stoßen recht häufig die SFA-Prozesse an. Die explizite oder implizite Unterstützung der SFA durch die Unternehmensstrategie, die Ziele oder die Visionen der Unternehmen trägt stark zum Erfolg der Chancenerkennungsprozesse bei. Wenn die Unternehmensstrategien (ausgerichtet auf Markt-, Technologie-, Innovationsführerschaft) von den Unternehmensleitungen nach außen (durch die Marke) oder nach innen (durch Vision, Leitbild) gelebt werden, dann werden schwache Signale rechtzeitiger erkannt und Chancen eher genutzt.

Die beiden Strategietypen „Prospector" und „Defender" von Miles und Snow (1986) sind auch für den SFA-Prozess von Bedeutung. „Prospector" sind stark auf das Finden und Ausnutzen von Neuem (sowohl Märkte als auch Produkte und Erstanbieter zu sein) ausgerichtet, während „Defender" versuchen, Bestehendes beizubehalten und effizienter zu nutzen. „Prospector"-Unternehmen agieren in einem breiten Tätigkeitsfeld und befassen sich mit kontinuierlicher Entwicklung und dem teilweise nötigen Rückzug. „Defender" hingegen versuchen, Entwicklungen außerhalb der Unternehmensgrenzen zu ignorieren, bzw. sehen ihre Position und die Umwelt als stabil an. „Prospectors" weisen im Gegensatz zu „Defenders" mehr Diversität und Komplexität (in der Umwelt und der Unternehmung) auf, behandeln somit auch mehr schwache Signale. Je diversifizierter die Strategien im

---

[31] Vgl. Strategiedefinitionen z. B. in Mintzberg et al. (1998); Hax (1998).

[32] Ob sie jedoch der „Realität" entsprechen (wie sie von den Betroffenen – Mitarbeitern, Partnern, Lieferanten, Kunden – wahrgenommen und interpretiert werden), steht auf einem anderen Blatt.

Unternehmen sind (entrepreneurial, Prospector), desto früher werden schwache Signale wahrgenommen. Je konservativer (Defender) die Strategien im Unternehmen sind, desto später werden schwache Signale erkannt.

Sonderanfertigungen und Speziallösungen für Kunden sind ein wichtiges Kriterium für die Initiierung von Innovationen. Dies ist die Hauptursache für die Nischenstrategie, die viele Klein-, Mittel- und sogar Großunternehmen erfolgreich anwenden. So fallen in dieses Segment in Deutschland ca. zwei Drittel bis drei Viertel aller Unternehmen (Pfohl, 2006). Durch die Beschränkung auf bestimmte Abnehmergruppen, eine enge Produktlinie oder einen regionalen Markt innerhalb einer Branche können sich diese Unternehmen hoch spezialisieren (Spezialisierungsstrategie). Gerade für MU (im Hinblick auf ihre begrenzte Ressourcenbasis) ist die Nischenstrategie vorteilhaft. Der Vorteil gegenüber größeren Konkurrenten liegt in der Möglichkeit, spezielle Angebote für die Nische zu erbringen, welche aus Know-How-Gründen oder aufgrund eines zu geringen Absatzpotenzials für die großen Anbieter unattraktiv erscheinen. Aber auch GU nutzen die Vorteile von Speziallösungen für ihre Kunden, um z. B. die geringere Preissensitivität der Nachfrager auszunutzen (Berndt et al., 2005). Nischenstrategien wirken sich positiv auf das Erkennen von Chancen aus. Unternehmen können sich besser an Kundenbedürfnissen ausrichten.[33]

> **ANALYSEBOX ZIELE, STRATEGIE, VISION:**
>
> - Wie tragen unsere Vision, unsere Unternehmensstrategie und die Unternehmensziele zur Erkennung schwacher Signale und die SFA-Prozesse bei?
>
> - Wird in unserer Vision, unseren Strategien und Zielen explizit auf die Initiierung und Abwicklung von Innovationsprozessen eingegangen oder erfolgen diese Tätigkeiten eher beiläufig?
>
> - Wie werden die Vision, die Ziele und die Strategie im Unternehmen und nach außen entwickelt, verändert und kommuniziert?
>
> - Wie stehen wir zu den Stoßrichtungen Technologie- und Innovationsführerschaft?
>
> - Wer initiiert unsere SFA-Prozesse? Welche Bedeutung haben dabei unsere Kunden?
>
> - Wie binden wir unsere Kunden in die Innovationsprozesse ein?
>
> - Zielt unsere Hauptstrategie eher mehr in Richtung „Neues entdecken" (Prospector) oder „Bestehendes verteidigen" (Defender)?
>
> - Verfolgen wir eine Nischenstrategie? Welchen Vorteil haben wir dadurch? Welche Nachteile ergeben sich daraus?

---

[33] Durch einen engeren Fokus werden allerdings gleichzeitig Entwicklungen in anderen Bereichen übersehen. Dies spricht gegen eine Nischenstrategie.

4.2.3.5 Kultur und Werte

Die Kultur, die Philosophie und die Werte von Unternehmen stellen eine weitere wesentliche Erfolgsgröße für SFA-Vorhaben dar. Unternehmenskulturen sind nach Schein (1996) die geteilten Normen (Regeln), Werte und Annahmen, wie Organisationen funktionieren. Sie sind „die Gesamtheit der tradierten, wandelbaren, zeitspezifischen, jedoch über Symbole erfahrbaren und erlernbaren Wertvorstellungen, Denkhaltungen und Normen, die das Verhalten aller Mitarbeiter/innen und das Erscheinungsbild der Unternehmung (Corporate Identity) prägen" (Krulis-Randa, 1990, S. 4). Johnson et al. (2005) definieren Kultur anhand eines Schalenmodells: Im innersten Kern befindet sich das Paradigma („taken-for-granted-assumption"), welches durch Verhalten („behaviours"), Meinungen und Überzeugungen („beliefs") und im äußersten Ring durch Werte („values") zum Ausdruck gebracht wird (**Abbildung 4.13**).

Die Unternehmenskulturen beeinflussen Unternehmensstrukturen und Strategien und damit alle Phasen der SFA-Prozesse: Wie und welche Themen werden erkannt, wie werden sie interpretiert und analysiert und zu welchen Aktionen gelangt die Unternehmung (Dutton et al., 1997; Thomas et al., 1994; Bansal, 2003; Cooper, 2002)?

Abbildung 4.13: Schalenmodell der Kultur

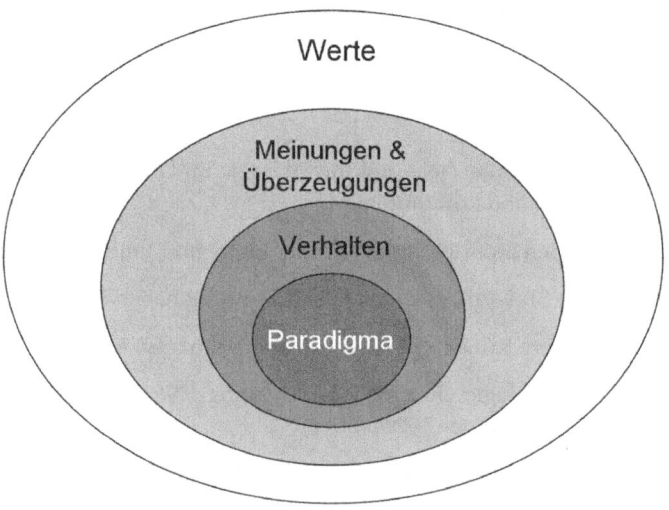

Weisen Unternehmenskulturen einen starken Bezug zu Innovationen auf, so führt dies zu erfolgreichen SFA-Prozessen. Sánchez und Pérez (2004) erachten partizipative Kulturen, die Zusammen- und Teamarbeit unterstützen, für Innovationen als sehr hilfreich. Ein wesentliches Ergebnis der Kultur ist das Unternehmensklima (Dane und Pratt, 2004), z. B. das Vertrauen (Crossan und Sorrenti, 1997), das die Organisationsmitglieder untereinander und zur Organisation haben. Viele Schnittstellen, freier Informationsaustausch und vermehrter Austausch zwischen den Funktionen unterstützten Kreativität. Wird z. B. Innovation nicht als Wert gesehen, so sind Tätigkeiten zur Innovationsfindung nicht legitimiert, und keine Person fühlt sich dafür verantwortlich (Dougherty und Hardy, 1996).

Unternehmenskulturen unterstützen die SFA-Prozesse, indem sie den einzelnen Tätigkeiten Sinn verleihen. Sie drücken sich durch Werte aus. Für erfolgreich innovative Unternehmen[34] nehmen die Werte Kundenorientierung, Kundenzufriedenheit, Eigeninitiative und Selbstverantwortung der Mitarbeiter, hohe (fachliche und soziale) Kompetenz, Innovationskraft, Talent, Offenheit, Neugier, Vertrauen und Engagement einen wichtigen Stellenwert ein. Zudem werden die Bereiche Umwelt, Qualität und der respektvolle Umgang mit Produkten (langlebig und nachhaltig) genannt.

Werte verändern sich im Zeitablauf (Rosenstiel und Kardorff, 1990). So ist heute z. B. der Trend zur Erhöhung des Wertes „Freizeit" oder die stärkere Betonung der Selbstverwirklichung erkennbar. In Unternehmen sind zwei Wege möglich, um den oftmals von außen angetriebenen Wertewandel zu gestalten:

- Passiver Weg, z. B. durch Information und Kommunikation oder die Einstellung neuer und jüngerer Mitarbeiter.
- Aktiver Weg, d. h. die bewusste Gestaltung der Unternehmenskultur, z. B. durch Anpassung der Personalpolitik, der Techniken und der Managementphilosophie.

ANALYSEBOX KULTUR UND WERTE:

- Wie lässt sich unsere Unternehmenskultur beschreiben?
- Wie stimmen die Aussagen im Unternehmensleitbild mit der gelebten Praxis überein?
- Welche Bedeutung nimmt Innovation im Rahmen unserer Wertediskussionen ein?
- Welche Werte sind in unserem Unternehmen tragend?
- Welche dieser Werte haben einen direkten Bezug zur Innovation, und zwar in welcher Richtung (hinderlich oder förderlich)?
- Wie wird mit Wertekonflikten umgegangen?
- Wie entstehen unsere Werte, wie entwickeln sie sich weiter? Wo liegen die Urachen dafür?
- Treiben wir den Wertewandel aktiv voran oder werden wir getrieben?

---

[34] Lasinger, 2010a.

4.2.4 Umwelt und Kommunikation

Umweltfaktoren, wie z. B. externe Partner, Informationsquellen, Netzwerke und Kommunikationsaspekte haben Einfluss im gesamten SFA-Prozess.

4.2.4.1 Umwelteinflüsse

Umwelteinflüsse gibt es sowohl in der ersten Phase bei der Erkennung von schwachen Signalen als auch bei den externen Suchprozessen nach Partnern im zweiten Schritt, wie auch bei den Lernprozessen im dritten Schritt, wenn z. B. Erfahrungen von anderen Branchen oder Konkurrenten in den Prozess einfließen.

Die allgemeine Umwelt enthält die PESTEL-Komponenten[35] (Johnson et al., 2008). Die Veränderungen, und damit der Einfluss auf die Unternehmen, sind für die SFA besonders relevant: z. B. Bevölkerungscharakteristika, Wachstumsraten, Beschäftigungsdaten, Demografie, Familienstrukturen, subjektives Wohlbefinden usw. Aus der allgemeinen Umwelt und deren Veränderungen lassen sich schwache Single erkennen und daraus Risiken vermeiden oder vermindern, Chancen nutzen und Produktinnovationen realisieren. Der Wettbewerb und dessen Interpretation durch das Unternehmen stellen einen weiteren wichtigen Informationsfaktor dar. Akteure aus der Aufgabenumwelt bzw. Veränderungen in dieser Umwelt sind Quellen für schwache Signale.

Die Impulse für Ideen wurden vielfach untersucht. Magiera (2009) weist darauf hin, dass der Großteil der Impulse von Kunden stammt (30 %), gefolgt von Tagungen, Messen oder Ausstellungen (21 %), Konkurrenten (18 %), Lieferanten (12 %), aus den eigenen Unternehmen (11 %) oder durch Forschungsstellen (8 %).

Unternehmen erhalten ihre Informationen – die zu ihren Ideen führen – aus internen (z. B. Marketing, Patentabteilung, Service, Verkauf, F&E, Einkauf, Produktion, interne Ideenbanken, betriebliches Vorschlagswesen etc.) und externen (z. B. Konkurrenz, anderen Industrien, Lieferanten oder Endkunden, Handel oder Mittelsmännern, Beratern oder Experten ...) Quellen (Magiera, 2009; Wentz, 2008). So stellte IBM 2006 in einer Studie über 765 CEOs fest, dass Mitarbeiter, Business-Partner und Kunden die bedeutendsten Informationsquellen darstellen (in Wentz, 2008). Bei erfolgreichen SFA-Prozessen sind Kunden, Verkauf/Vertrieb, Lieferanten, externe Spezialisten und Konkurrenten als Informationsbringer wichtig. Weitere wichtige Quellen sind Patente, Umfragen und Analysen, Datenbanken, Berichte, Messen, Literatur, Internet oder Treffen. Unternehmen, die diese Informationsquellen gekonnt in den SFA-Prozess inkludieren, erhöhen die Chance, schwache Signale zu erkennen. Die festgelegte Strategie der Suche nach Ideen bzw. dem Finden von Lösungen bündelt und lenkt die Aufmerksamkeit und erhöht die Wahrnehmung von schwachen Signalen.

---

[35] D. h. politische, ökonomische, soziale (gesellschaftlich/demografisch), technische, ökologische, legale Umwelt (Nagel, 1994).

Aguilar (1967) unterscheidet verschiedene Arten von Informationsquellen: persönliche (direkter menschlicher Kontakt) und unpersönliche (schriftlich, z. B. Berichte, Zeitungen, Studienergebnisse), externe (direkter Kontakt mit Politikern, Diskussionen mit Managern von anderen Unternehmen, Teilnahme an Treffen) und interne (Diskussionen mit firmeninternen Managern oder Mitarbeitern, Memos, Berichte). Persönliche Kommunikation enthält viele Informationen und ermöglicht die Wahrnehmung schwacher Signale (Elenkov, 1997). In unsicheren und turbulenten Umwelten sind Informationen aus persönlichen, informalen und externen Quellen in verbaler Form (damit oft weich und spekulativ) besonders gewinnbringend für die Erkennung schwacher Signale.

Netzwerke können nach Hall (1993) als eine Ressource eines Unternehmens angesehen werden. Es geht darum, viele Personen in den Prozess der SFA miteinzubeziehen und durch Netzwerke schwache Signale aufzuspüren. Netzwerke ermöglichen es, schwache Signale zu erkennen, auch von neuen Gebieten, die dem Unternehmen möglicherweise nicht vertraut sind. Der Grund dafür liegt in der komplexen Umwelt, die kaum durch ein Einzelunternehmen erfasst werden kann. Die bessere Chancenerkennung mit Hilfe von Netzwerkpartnern gilt auch für die „weak ties" (Granovetter, 1983)[36] in einem Netzwerk (Singh et al., 1999). „Weak ties", z. B. mit Universitäten, Forschungszentren und erfahrenen Beratern, sind besonders geeignet, um auf neue Ideen zu stoßen. Eine Eurostat Untersuchung zeigt, dass diese Netzwerke in der EU27 wenig benutzt werden (Eurostat, 2007). „Weak ties" wird nachgesagt, schwache Signale ausfindig zu machen und zur Ideengenerierung beizutragen, da diese von gewohnten Wegen abschweifen. Je öfter Unternehmen „weak ties" konsultieren, umso innovativer sind sie. Daher soll der Ausbau von „weak ties" im Unternehmen begünstigt werden. Verstärkter Kontakt, z. B. zu Universitäten und Forschungszentren, die Involvierung in Personalaustauschprogramme, Seminare und Kooperationsprojekte sind von Vorteil.[37]

ANALYSEBOX UMWELT:

- Sind die Informationen persönlich/unpersönlich? Stammen sie aus formalen oder informalen Quellen?
- Welche Bedeutung haben Netzwerke oder Cluster für die Innovationen in unserem Unternehmen?

---

[36] Entstanden aus dem soziologischen Ansatz des sozialen Gruppenverhaltens. „Weak ties" sind demnach wenig gepflegte Kontakte mit geringer emotionaler Involvierung und Vertrauen (Julien et al., 2004). Dem gegenüber stehen „strong ties", z. B. Freunde oder nahe Ansprechpartner (Julien et al., 2004).

[37] Die Wichtigkeit von Netzwerken wird auch durch sogenannte „Cluster" hervorgehoben (Clement und Welbich-Macek, 2007). Cluster verstehen sich zusammenfassend als Verbund von Unternehmen, häufig KMU, die sich in eine enge Kooperation begeben (Netzwerke oder Stärkefelder mit regionalem Bezug). Es können durch Cluster gemeinsame Infrastrukturen geschaffen werden, die gleichzeitig Innovationen fördern. Österreich verfügt im internationalen Vergleich über eine bemerkenswerte Clusterdichte.

- Wie sind diese Netzwerke ausgestaltet? Welche Postition nimmt unser Unternehmen ein (zentral oder periphär)? Wer sind die Partner in diesen Netzwerken? Gibt es neben langjährigen, freundschaftlichen Beziehungen („strong ties") auch neue, lockere Kontakte („weak ties")? Welche Bedeutung haben dabei Universitäten, externe Forschungsanstalten, externe Spezialisten (Berater)?
- Woher nehmen wir die Informationen für die Entwicklung unserer Leistungen?
  - Außendienstinformationen über Kundenwünsche
  - Marketinginformationen und -analysen über Wettbewerber
  - Forschungsergebnisse über neue Werkstoffe, Produktionsverfahren ...
  - Publikationen, Fachtagungen, Analysen und Befragungen von Fachverbänden, Universitäten, Marktforschungsinstituten
  - Branchen- und Konjunkturdaten, Handels- und Steuerverhandlungen
  - Online-Datenbanken und Diskussionsforen
  - tägliche Informationen aus den Medien
  - Berater und Experten
  - Netzwerke
  - Stakeholder (z. B. Kunden, Lieferanten, Partner)
  - Mitarbeiter in Schnittstellenpositionen im Unternehmen
  - Daten über Beschwerden, Komplementärprodukte und allgemeine soziale Trends bzw. Trends in anderen Ländern
  - Zusammenarbeit mit Kunden („lead users")
  - Informationen über kulturelle Ikonen, Lobbyisten und politische Führer

Neben internen haben auch externe Personen Bedeutung für den SFA-Prozess: Die Innovationsprozesse werden entweder durch interne Aktionen oder durch Kooperationen mit anderen gestaltet (vgl. **Abbildung 4.14**).

Die Erfahrung mit Kooperationen ermöglicht Unternehmen, ihre Netzwerke auszudehnen und damit Zugang zu innovationsrelevanten Informationen zu erhalten (Powell et al., 1996). Eine Untersuchung von Eurostat zeigt, dass für den Zeitraum 2002 bis 2004 26 % aller innovativen Unternehmen in der Europäischen Union (EU27) bezüglich ihrer Innovation kooperierten.[38] Die häufigsten Partner sind Lieferanten und Kunden, weniger Universitäten oder Forschungseinrichtungen. Gründe für externe Partner sind sowohl die Erken-

---

[38] In Österreich wurden 53 % der Unternehmen als innovativ eingestuft, von denen wiederum 17 % Kooperationen eingingen.

nung schwacher Signale als auch deren Bewertung (Lasinger, 2010a). Speziell werden folgende Partner und Gründe für ihr Heranziehen genannt:

- Andere Unternehmen, um zwei oder mehr Kompetenzen zu vereinen, Kapazitäten bzw. Ressourcen auszuschöpfen bzw. Arbeiten auszulagern.
- Kunden, um Ideen abzufragen, gemeinsam ein Produkt zu entwickeln, Sonderlösungen zu garantieren oder finanzielle Unterstützung zu bekommen.
- Lieferanten, um Ideen zu generieren, Möglichkeiten abzufragen und Teilleistungen auszulagern.
- Experten, um Ideen abzuprüfen, zu bewerten und andere Meinungen/Ideen zu sammeln.
- Berater, um richtige Prozesse und Methoden zu wählen und anzuwenden oder Ideen umzusetzen.
- Designer, um Designstrategien zu entwickeln und Designkompetenz zu erzielen.
- Universitäten, um spezialisiertes Fachwissen, Untersuchungsergebnisse oder Infrastruktur (z. B. Laboreinrichtungen) zu erhalten.

Abbildung 4.14: Interne und externe Partner

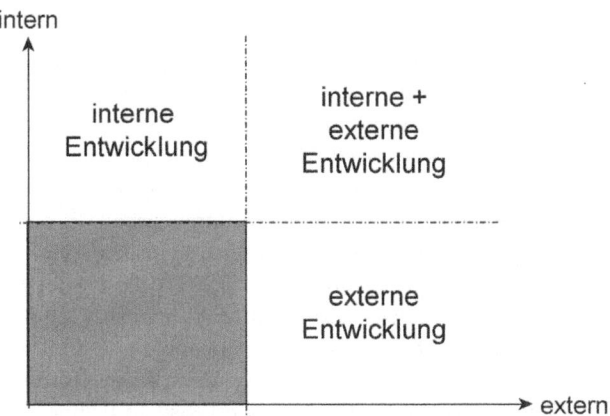

Die interne Abwicklung verstärkt die Unabhängigkeit der Organisation und erlaubt mehr Kontrolle. Eine Schwäche der internen Entwicklung sind die langen Zeiträume, womit „Innovationspotenzial" verloren gehen kann. Darüber hinaus sind die erforderlichen Kompetenzen nicht immer in den Unternehmen vorhanden (Müller-Stewens und Lechner, 2005). Vor allem bei MU sind häufig auch die nötigen Investitionen nicht möglich. Externe Aktionen ermöglichen eine Risikoaufteilung zwischen Organisationen (Ginsberg und Venkatraman, 1995). Unternehmen ziehen zuerst interne Möglichkeiten in Betracht, bevor sie sich externen Partnerschaften zuwenden. Wenn sie Kooperationen eingehen, wählen sie zuerst Partnerschaften in der Branche, bevor sie branchenüberreifend agieren. Je höher die Dringlichkeit („urgency") und Umsetzbarkeit („feasibility") von Chancen eingeschätzt werden, umso eher werden Partnerschaften eingegangen.

Vertrauen ist der Haupterfolgsfaktor bei längerer Zusammenarbeit, und zwar sowohl bezüglich der Kompetenzen als auch des Charakters und der Motive des Partners (Johnson et al., 2005). Bei Innovationsvorhaben sind demnach längere und intensivere Partnerschaften von Vorteil.

ANALYSEBOX EXTERNE PARTNERSCHAFTEN:

- Welchen Stellenwert haben externe Partnerschaften für die Entwicklung neuer Leistungen in unserem Unternehmen (im Vergleich zu internen Aktionen)?
- Was ist der Grund für externe Partnerschaften? Wann, mit wem, wie oft und wie lange?
- Zu welchen Anlässen und wie häufig werden externe Partner kontaktiert?
- Worin liegt der Nutzen der externen Partnerschaften für uns? Worin liegen die Probleme, Gefahren, Risiken, Schwächen?
- Wie ist das Vertrauensverhältnis zu diesen externen Partnern?

4.2.4.2 Kommunikation

Kommunikation umfasst die Prozesse der Wahrnehmung, der Erkennung und der Mitteilung (vgl. Luhmann, 2002; Luhmann, 2005; Watzlawick et al., 1990). Menschliche Kommuniktion bedient sich dabei verbaler und nonverbaler (z. B. Körpersprache) Modalitäten. Sie geschieht zugleich sowohl in der Sach- als auch Beziehungsebene. Kommunikation ist ein ständiges aufeinander Bezugnehmen der Akteure. Sie ist die Voraussetzung menschlicher Koexistenz im Allgemeinen sowie der Zusammenarbeit in (Arbeits-)Gruppen im Besonderen. Spannend wird sie in heterogenen Gruppen, in denen die Teilnehmer ihre Ansichten austauschen, wie dies insbesondere in SFA-Prozessen der Fall ist. In den Teilphasen Activation, Assessment und Action des SFA-Prozesses ist Kommunikation das wesentliche verbindende Element. Sie stößt Reflexionsprozesse an, löst festgefahrene Bilder in den Köpfen der Beteiligten und ermöglicht neue Ideen. Kommunikation bewirkt „kollektive Intuition" (Verständnis, um Chancen und Risiken früher zu sehen (Eisenhardt, 1999)).

Kommunikation hat im SFA-Prozess eine ganz besondere Bedeutung. So ist z. B. die Benennung der schwachen Signale ein wichtiges Thema und wirkt sich auf alle Folgeaktionen aus. Die Art der Kommunikation (informal vs. formal) hat starken Einfluss auf die SFA-Prozesse. Die Kommunikation „legitimiert" die Durchführung eines SFA-Prozesses, z. B. indem seine Wichtigkeit offen beredet wird. Sie ermöglicht es, die Informationen unter den Beteiligten zu verbreiten und zu teilen. Damit kann jedem das gleiche Wissen vermittelt werden, was wiederum den Ideenprozess beflügelt. Durch das Besprechen der

Informationen mit anderen Unternehmensmitgliedern werden Anhänger gefunden, die sich für die Reaktion auf das schwache Signal einsetzen.

Wichtig ist, wie kommuniziert wird, welche Worte verwendet werden. Je positiver kommuniziert wird, desto besser ist dies für den SFA-Prozess. Emotionen und Stimmung haben einen starken Einfluss auf die Gedanken, die Urteile, den Informationsprozess und das Verhalten von Personen. Sie leiten Aktionen. Positiven Emotionen wird nachgesagt, bessere Arbeitsergebnisse zu schaffen (Staw et al., 1994), Intuition zu begleiten und Kreativität zu fördern (Forgas, 2002; Schwarz, 2000). Diskutieren ältere und jüngere Mitarbeitern intensiv miteinander, so gestalten sich die SFA-Prozesse erfolgreicher. Denn (unternehmens)ältere Mitarbeiter benutzen andere Begriffe, sehen Dinge anders und haben mehr Erfahrung, auf die sie zurückgreifen können. Jüngere Mitarbeiter bringen neue Ideen ein, die von den älteren auf ihre Wichtigkeit und Durchführbarkeit geprüft werden können.

Wesentlich für den Erfolg von Innovationsprozessen ist auch, welche Kommunikationsstruktur vorliegt: die hierarchische oder die netzartige. Die in der **Abbildung 4.15** zusätzlich dargestellten Formen (Linie bzw. Kette, Stern) sind Ausprägungen der Hierarchiestruktur. Werden Informationen in Form von Ketten (hintereinander) weitergegeben, so resultieren daraus nicht nur Zeitverzögerungen, sondern auch Verfälschungen.[39] Dies passiert häufig in den hierarchischen Strukturen, da die Information über viele Ebenen getragen wird („Dienstweg"). Zentrale Kommunikationsstrukturen (sternförmige Muster) überfordern die Akteure, die in den Knotenpunkten der Kommunikationsstrukturen stehen. Netzartige Strukturen kompensieren diese nachteiligen Aspekte, forden aber alle Beteiligten.

In Unternehmen wird formal anders kommuniziert als informal. Nicht nur die Wortwahl ist eine andere, auch die thematischen Schwerpunkte differieren. In den einzelnen Unternehmensbereichen werden „eigene Sprachen" gesprochen (kaufmännisches, technisches Vokabular).

Abbildung 4.15: Kommunikationsstrukturen

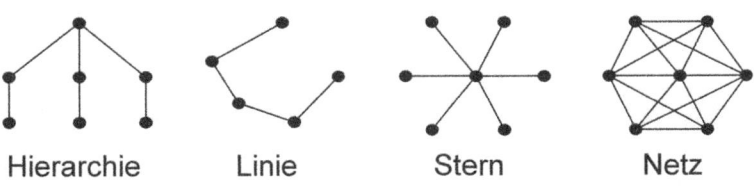

---

[39] Vgl. das bekannte „Stille-Post-Spiel".

ANALYSEBOX KOMMUNIKATION:

- Wie wird in unserem Unternehmen – im Rahmen der SFA-Prozesse – kommuniziert?
- Wie wird über schwache Signale diskutiert, wenn ihre Wichtigkeit und Dringlichkeit (Bedeutung) eingeschätzt wird und wenn über Maßnahmen entschieden wird?
- Welche Worte werden häufig verwendet? Sind diese eher positiv oder negativ hinterlegt?
- Wie weit kommunizieren ältere mit jüngeren Mitarbeitern?
- Welche Kommunikationsstrukturen liegen in unserem Unternehmen vor (direkt/indirekt, Linie/Stern/Netz)? Welche Vor- und Nachteile ergeben sich daraus? Entstehen daraus Konflikte?
- Wie sind in unserem Unternehmen die informale und die formale Kommunikation ausgeprägt?
- Worin unterscheiden sich die Kommunikationsformen in den unterschiedlichen Unternehmensbereichen?

4.3 SFA-Prozessarten

Je nachdem, wie der Entscheider mit Informationen umgeht, ergeben sich die Prozessarten rational, intuitiv und kombiniert (gemischt). Die folgende Analyse ermöglicht diesbezüglich die erste Einschätzung des Unternehmens. Das Ergebnis zeigt, inwieweit das Unternehmen rational oder intuitiv agiert. Es ist die Ausgangsbasis für die Detailanalysen, die den Startpunkt für Verbesserungsmöglichkeiten im Innovationsbereich bilden. Anschließend werden die verschiedenen Prozessarten beschrieben.

ANALYSEBOX INNOVATION:

Bitte bewerten Sie die folgenden Aussagen anhand der gegebenen Skalierung, wobei 0 bedeutet: *Ich stimme der Aussage überhaupt nicht zu*, und 10 bedeutet: *Ich stimme mit der Aussage 100-prozentig überein*:

NR.	AUSSAGEN	SKALIERUNG
		0 1 2 3 4 5 6 7 8 9 10
R1	In unserem Unternehmen laufen die Innovationsprozesse und Projekte geplant und strukturiert ab.	○ ○ ○ ○ ○ ○ ○ ○ ○ ○ ○
R2	Die Prozesse sind gut dokumentiert.	○ ○ ○ ○ ○ ○ ○ ○ ○ ○ ○

Nr.	Aussagen	Skalierung
		0 1 2 3 4 5 6 7 8 9 10
R3	Die Entscheidungen und Ergebnisse werden ausreichend protokolliert.	○ ○ ○ ○ ○ ○ ○ ○ ○ ○ ○
R4	Die Ergebnisse der Entscheidungen sind einfach auffindbar.	○ ○ ○ ○ ○ ○ ○ ○ ○ ○ ○
R5	Die Gespräche und Meetings laufen strukturiert ab. Es wird ausreichend frühzeitig eingeladen, es gibt eine Agenda, Sitzungsprotokolle mit klaren Aktionsprogrammen.	○ ○ ○ ○ ○ ○ ○ ○ ○ ○ ○
R6	Es gibt ausreichende Qualitätskriterien, die nicht nur geplant, sondern auch gemessen werden.	○ ○ ○ ○ ○ ○ ○ ○ ○ ○ ○
R7	Es gibt strukturierte Feedbacks mit klaren Kriterien, zu definierten Zeitpunkten und mit einem klaren Ablauf.	○ ○ ○ ○ ○ ○ ○ ○ ○ ○ ○
R8	Es werden viele Methoden (Techniken, Instrumente, Tools – wie z. B. auch Formulare) eingesetzt. Häufig sind sie recht formal, komplex und aufwändig.	○ ○ ○ ○ ○ ○ ○ ○ ○ ○ ○
R9	Es gibt klare Zuständigkeiten bzw. Verantwortlichkeiten.	○ ○ ○ ○ ○ ○ ○ ○ ○ ○ ○
R10	Die Aus- und Weiterbildung und die Einarbeitung in die Themengebiete sind gut geplant, der Erfolg wird überprüft	○ ○ ○ ○ ○ ○ ○ ○ ○ ○ ○

Zählen Sie die Punkte zusammen, dividieren das Ergebnis durch 10 und tragen das Ergebnis auf der Y-Achse („rational") in die Portfoliomatrix (**Abbildung 4.16**) ein.

Abbildung 4.16: Selbsteinschätzung R/I-Portfoliomatrix

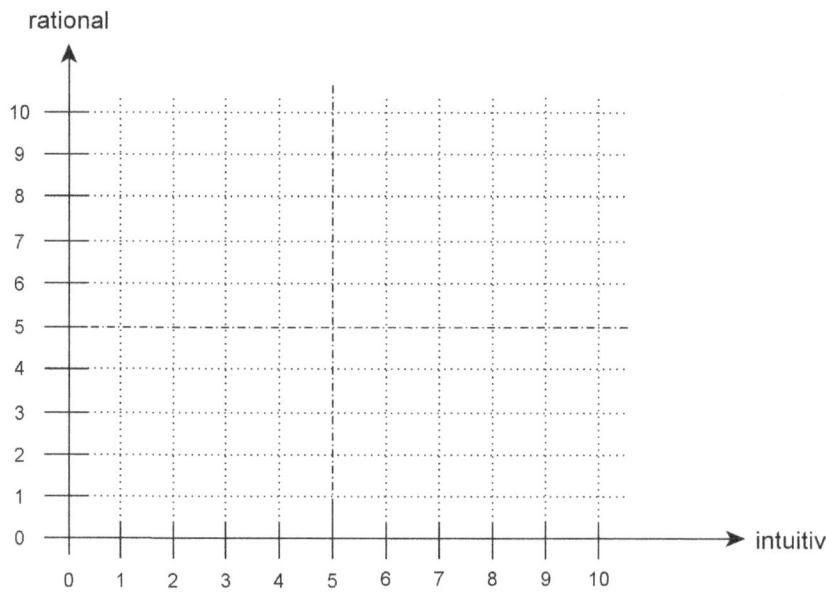

Bitte bewerten Sie die folgenden Aussagen wieder anhand der gegebenen Skalierung, wobei wieder 0 bedeutet: *Ich stimme der Aussage überhaupt nicht zu,* und 10 bedeutet: *Ich stimme mit der Aussage 100-prozentig überein:*

NR.	AUSSAGEN	SKALIERUNG
		0 1 2 3 4 5 6 7 8 9 10
I1	In unserem Unternehmen laufen die Innovationsprozesse und Projekte sehr improvisiert ab.	○ ○ ○ ○ ○ ○ ○ ○ ○ ○ ○
I2	Die Abläufe sind einfach und flexibel, der jeweiligen Situation angepasst.	○ ○ ○ ○ ○ ○ ○ ○ ○ ○ ○
I3	Spontaneität, Kreativität, Flexibilität und Schnelligkeit sind für uns wichtig.	○ ○ ○ ○ ○ ○ ○ ○ ○ ○ ○
I4	Die Entscheidungen und Ergebnisse haben die wichtigen Leute im Kopf.	○ ○ ○ ○ ○ ○ ○ ○ ○ ○ ○

Nr.	Aussagen	Skalierung
		0 1 2 3 4 5 6 7 8 9 10
I5	Die Gespräche und Meetings laufen oft etwas „durcheinander" ab. Sie sind sehr informal.	○ ○ ○ ○ ○ ○ ○ ○ ○ ○ ○
I6	Die entscheidenden Personen im Unternehmen wissen genau, was wichtig und dringend ist.	○ ○ ○ ○ ○ ○ ○ ○ ○ ○ ○
I7	Wir reden viel miteinander, auch über Nebensächlichkeiten.	○ ○ ○ ○ ○ ○ ○ ○ ○ ○ ○
I8	Wir wenden Methoden (Techniken, Instrumente, Tools – wie z. B. auch Formulare) eher selten an. Wenn, dann sind sie einfach.	○ ○ ○ ○ ○ ○ ○ ○ ○ ○ ○
I9	Erfahrung ist bei uns wichtig.	○ ○ ○ ○ ○ ○ ○ ○ ○ ○ ○
I10	Wir helfen uns gegenseitig, spontan – ohne viel darüber zu diskutieren	○ ○ ○ ○ ○ ○ ○ ○ ○ ○ ○

Zählen Sie nun die Punkte der zehn I-Aussagen zusammen, dividieren das Ergebnis durch 10 und tragen das Ergebnis auf der X-Achse („intuitiv") in die Portfoliomatrix ein (**Abbildung 4.16**).

Anhand der beiden Ergebnisse finden Sie Ihre R/I-Position. Die R/I-Portfoliomatrix (**Abbildung 4.17**) ist eine Vierfeldermatrix mit den Dimensionen R(y) und I(x), wobei es die vier R/I-Quadranten gibt: „weder rational noch intuitiv" (und damit nicht relevant für innovative Unternehmen), intuitiv, rational und „sowohl rational als auch intuitiv" (bzw. zeitlich parallel).

Abbildung 4.17: R/I-Portfoliomatrix

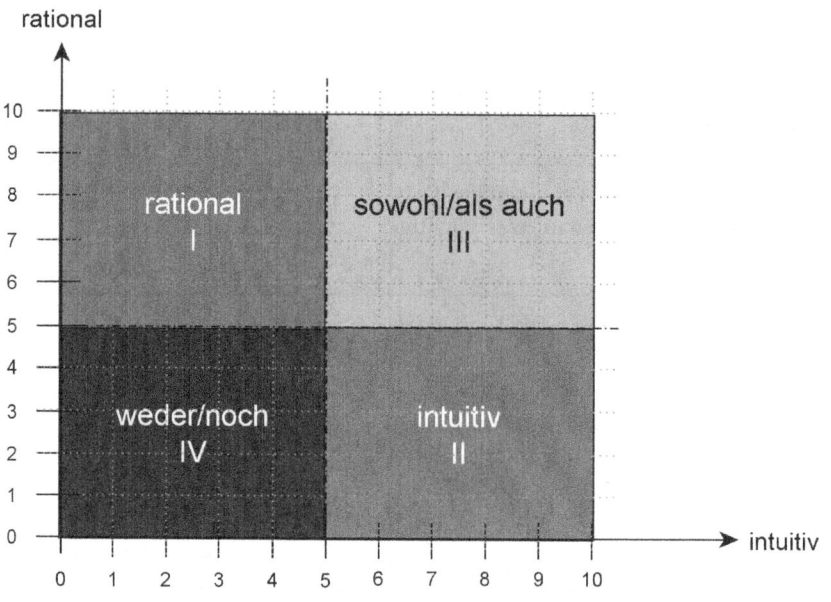

Jede Positionierung in den Feldern I bis IV zeigt ihre Stärken und Schwächen, bietet bestimmte Chancen und beinhaltet unterschiedliche Risiken. Diese werden im SFA-Prozessmodell (Abschnitt 4.4) detailliert diskutiert und wirksame Strategieoptionen und Handlungsanleitungen abgeleitet[40].

4.3.1 Rationale Prozesse

Der rationale Prozess lässt sich durch folgende Kriterien charakterisieren (Hodgkinson et al., 2008, S. 9):

- Er operiert auf einem bewussten Niveau,
- ist analytisch,
- wird verbal kommuniziert,

---

[40] Sollten Sie sich im Feld IV („weder-noch") positioniert haben, dürfte es sich entweder um Eintragungsfehler, Missverständnisse handeln, es gibt widersprüchliche Bewertungen, oder Innovation spielt im Unternehmen keine (bedeutende) Rolle. Diese Position wird in den Folgeausführungen nicht weiter behandelt.

- ist weitgehend frei von Affekten und
- die Informationsauffassung erfolgt intendiert (Methodenanwendung).

Damit stehen beim rationalen Prozess systematische Prozeduren und Methoden im Mittelpunkt, mit denen so viele Informationen wie nötig aufgenommen, bearbeitet, analysiert und bewertet werden und die schließlich zu einem bewussten, logischen und analytischen Urteil führen. Viele Methoden des Innovationsmanagements fallen in diese Kategorie, z. B. um Konsumentenwünsche zu erkennen oder um Risiken von Produktinnovationen zu senken. Auch wenn die Anwender nicht erwähnen, den Basistheorien und Grundannahmen des „rational man" zu folgen, so werden dennoch oftmals Werkzeuge vorgestellt, die eine analytische und logische Vorgehensweise genau im Sinne einer vollständigen Informationsauffassung, -sammlung und -bewertung benötigen. Implizit wird angenommen, dass alle Stärken, Schwächen, Chancen und Risiken erkannt, als solche bewertet und voneinander genügend abgegrenzt werden können. Kognitionen, verhaltenswissenschaftliche Themen wie Wahrnehmung und Interpretationsfehler bzw. unbewusste Prozesse finden darin oftmals keinen Platz. Sie finden keinen Eingang als Variablen. Denn dies widerspricht der Systematik und dem Aufbau dieser formalen Methoden und Instrumente, die ja gerade versuchen, Fehler aufgrund von Intuition zu verhindern.

Die Kernmethoden im Strategischen Frühaufklärungsprozess auf der rationalen Seite sind Szenariotechniken, die Delphimethode und Monitoringaktivitäten. Darüber hinaus werden (Diskontinuitäten)Befragungen, Studien, Portfolioanalysen, Diffusionsprozessanalysen[41], Sensorensysteme, Ursachenanalysen, Prognosesysteme, analysezentrierte Programme, Cross-Impact-Analysen in der Literatur genannt.[42] Die Methoden sind eher komplex. Konkrete oder gar vollständige Aufstellungen über Methoden des Strategischen Frühaufklärungsprozesses sind nicht zu finden. Ein Grund dafür dürfte sein, dass die Abgrenzung zu anderen Gebieten schwerfällt. So werden zum Beispiel Kreativitätstechniken im Rahmen des Innovationsmanagements genannt. Es ist fraglich, wie weit sie dem SFA-Prozess zugeordnet werden können.

> **ANALYSEBOX RATIONALITÄT:**
>
> Rationalität erkennt man in eingesetzten komplexen und formalen Methoden oder Programmen, in ausgeprägter Dokumentation oder Verschriftlichung oder in analytischen Bewertungsvorgängen. Darüber hinaus kommen institutionalisierte Abteilungen oder besetzte Funktionen verstärkt im Prozess zum Einsatz. Die rationale Ausrichtung wird zuerst im Gesamtunternehmen und danach in den einzelnen drei SFA-Phasen untersucht.

---

[41] Man bedient sich dabei den Grundlagen der Diffusionstheorie und geht davon aus, dass Signale immer wieder aus ähnlichen Bereichen kommen und sich vergleichbar entwickeln. Daher können strukturelle Trendlinien abgeleitet und Schlüsse auf zukünftige Entwicklungen gezogen werden.

[42] Malaska (Vgl. 1985); Høyland und Wallace (Vgl. 2001); Bloom und Menefee (Vgl. 1994); Liebl (Vgl. 1991); Gareis (Vgl. 1994); Zentner (1981); Trux et al. (1988); Gareis (1994); Liebl (1991); Wiedmann (1984).

- Welche Methoden für die Beobachtung, Datensammlung, Bewertung werden in unserem Unternehmen eingesetzt? Gibt es z. B. PESTEL-Analysen[43]?
- Welchen Stellenwert haben Protokolle und Datenerfassungssysteme?
- Wie werden formale Gespräche und Prozesse gesehen?
- Gibt es Regeln und Richtlinien für die Suche und Bewertung von Informationen?
- Wird viel über Chancen oder Bedrohungen gesprochen?
- Werden die Ursachen und Auslöser schwacher Signale erforscht und untersucht?
- Werden Zusammenhänge zwischen Signalen analysiert?
- Kommt es zur Bewertung und Evaluierung bisheriger Informationen?
- Werden Prognosen über die Auswirkungen auf das Unternehmen getroffen (strategische Relevanz und Ausmaß der Veränderung)?

Goll und Rasheed (1997) kommen zu der Erkenntnis, dass sich Rationalität nicht unbedingt positiv auf den Unternehmenserfolg auswirken muss. Rationale Prozesse sind üblicherweise langsam, aufwändig und werden oft als bürokratisch empfunden. Kreativität wird in derartigen Kontexten negiert.

4.3.2 Intuitive Prozesse

Methoden mit einem hohen intuitiven Anteil bieten zwei Vorteile: Erstens erleichtert diese ganzheitliche Vorgehensweise die Erstellung von Wirkungszusammenhängen und -ketten, wie sie bei schwachen Signalen oft definiert werden müssen. Zweitens ermöglichen diese Methoden, dass jede Art der Information – unabhängig von ihrer Qualität – in die Gesamtdarstellung einfließen kann.

Das Wort Intuition hat im Lateinischen („in-tuir") seinen Ursprung und bedeutet „von innen sehen, betrachten oder wissen". Intuition spielt eine große Rolle in kognitiven Prozessen. Sie wird mit Kreativität und Lernen, Fähigkeiten, kognitiven Stilen oder Strategien in Zusammenhang gebracht. Intuition wird in der Literatur unterschiedlich definiert: als Prozess (die Art der Aufnahme und Bearbeitung von Informationen) oder als Ergebnis (was jemand versteht oder wahrnimmt). Grundsätzlich umfasst Intuition beide Dimensionen.

Raidl und Lubart (2001) unterscheiden drei verschiedene Arten der Intuition:

- „Socioaffective intuition" behandelt interpersonale Beziehungen, d. h. wenn eine Person eine andere Person oder Situation versteht. Sie wird manchmal als soziale Intelligenz oder auch als Empathie bezeichnet.

---

[43] PESTEL steht für die Anfangsbuchstaben von: political, economic, social, technological, ecological, legal, umfassen also politische, ökonomische, soziale, technologische, ökologische und legale Bereiche.

- „Applied intuition" beschäftigt sich mit der Lösungsfindung einer Aufgabe (Lösungsintelligenz).
- „Free intuition" beschreibt ein Gefühl über mögliche Zukunftsentwicklungen.

Intuitive Prozesse weisen folgende Eigenschaften auf. Sie

- laufen automatisch ab,
- sind schnell,
- sind wenig analytisch (und damit weniger anstrengend),
- haben eine unbewusste Basis,
- werden nonverbal kommuniziert,
- sind holistisch (ganzheitlich),
- sind von Emotionen geführt,
- basieren auf der angeborenen Fähigkeit, Informationen schnell und effektiv zu synthetisieren,
- begründen sich auf Erfahrungen,
- sind kreativ – führen zu Kreativität.

Intuitive Prozesse zeichnen sich durch ihre schnelle Anwendbarkeit aus. In einer turbulenten Umwelt ist vor allem die Schnelligkeit dieser Prozessart Erfolg versprechend. Da die Umwelt zunehmend als komplexer und dynamischer gesehen wird, sind schnelle Aktivitäten und Entscheidungen erforderlich. Schnellere Aktivitäten bergen aber einen Zielkonflikt und eine Gefahr in sich: Wenn die Entscheidungsgeschwindigkeit steigt, sinkt grundsätzlich die Qualität der Entscheidungen und es wird von Partizipationsversuchen abgesehen (da diese wiederum Verzögerungen verursachen). Versuche, den Prozess zu formalisieren (wie in rationalen Entscheidungsprozessen), erhöhen möglicherweise die Effizienz der Prozesse, benötigen dafür allerdings Zeit. Rationale Entscheider versuchen, die Qualität der Entscheidungen hoch zu halten und gleichzeitig die Entscheidungszeiten zu verkürzen. Einen Ausweg aus diesem Dilemma bietet die Intuition. Sie gelangt somit in kritischen, zeitbetonten Entscheidungen – wie sie in der SFA auftreten – zu großer Bedeutung.

Eisenhardt (1989) betont, dass es auf die Art der Informationen ankommt. „Real-time"-Informationen (= Echtzeitinformationen) sind gegenüber „forecasted information" (= vorhergesagte Informationen) zwar aufwändiger zu erhalten, in Entscheidungssituationen jedoch wichtiger. Echtzeitinformationen ermöglichen es, Probleme oder Möglichkeiten früher zu erkennen.

> **ANALYSEBOX INTUITION:**
>
> Intuition in Unternehmen festzustellen fällt schwer und gelingt oftmals nur durch ein „Zwischen den Zeilen lesen", da sich Intuition durch unbewusste Prozesse auszeichnet und die Nicht-Fähigkeit beinhaltet, Aktionen oder Entscheidungen zu begründen.
>
> - Wie häufig werden in unserem Unternehmen Worte wie Spürsinn, (Vor-)Ahnung, Bauchgefühl, Psychologie, Bauchentscheidung, Unterbewusstsein, Inspiration, Herantasten, Emotion, Fantasie oder Gespür verwendet?
> - Wie oft gibt es spontane Einfälle in unserem Unternehmen?
> - Welche Bedeutung haben Schnelligkeit, Flexibilität, Kreativität, Spontaneität, Improvisation, Erfahrung?
> - Welche Bedeutung haben informelle, persönliche Gespräche?
> - Welche Rolle spielt Intuition in unserem Unternehmen? Wird sie anerkannt oder vermieden? Welche Qualität haben intuitive Entscheidungen für uns?

In turbulenten Umwelten und bei schnellen Entscheidungen wird Intuition als die Lösung angesehen. Bei Innovationsvorhaben ist sie bedeutend, denn Erfahrung ist hier besonders wichtig. Intuition ist zudem dann sinnvoll, wenn Schnelligkeit ein entscheidendes Kriterium darstellt, Unsicherheit vorherrscht, quantitative Analysen eine Balance benötigen oder wichtige Informationen nicht vorhanden sind.

Intuition hat nach Burke und Miller (1999) folgende Vorzüge:

- Sie beschleunigt die Prozesse,
- führt zu besseren Ergebnissen,
- vereinfacht die persönliche Entwicklung und
- fördert die Kompatibilität zwischen Unternehmenskulturen.

Der Einsatz von Intuition hängt von den Themenstellungen ab. Subjektive, verhaltensbedingte und politische Themen können besser durch Intuition als durch rationale Methoden gelöst werden (Dane und Pratt, 2007). Je mehr Optionen vertreten sind, je mehr Informationen vorhanden sind und je unvorhersehbarer die Umwelt ist, umso eher sollte aber auf analytische Methoden und nicht auf Intuition zurückgegriffen werden. Grund dafür ist die steigende Fehlerhäufigkeit. Formalen Analysen werden bestimmte positive Eigenschaften zugeordnet (Langley, 1989): Sie generieren Informationen, sind ein Behelf, um Ideen zu kommunizieren (zu überzeugen), geben Richtungen vor und fokussieren, haben symbolischen Wert (geben den ausführenden Parteien Legitimität, stehen für persönliche Kompetenzen und für rationales Vorgehen) und wirken als Signal (Feldman und March, 1981).

Langley (1989) stellt fest, dass rationale Prozesse mit sozialen Interaktionen im Zusammenhang stehen und nicht getrennt voneinander behandelt werden können.

4.3.3 Gemischte Prozesse

Rein intuitives Vorgehen ist problematisch. Intuition kann sogar störend und hemmend sein in Fällen, wo eingebrachte Ideen schnell subjektiv bewertet und durch die Laune Einzelner rasch verworfen werden. Die Entscheidungen sind oft nicht nachvollziehbar, da sie nicht auf kommunizierten Kriterien basieren. Durch fehlende Dokumentation gehen Ideen verloren, Wissen kann damit nicht weitergegeben und aufgebaut werden. Neben den reinen Ausprägungen rationaler und intuitiver Prozesse ist die **Kombination** beider Prozessarten (mehr oder weniger gleichzeitig) möglich. Je nach Situation ist eine andere Prozessart vorteilhafter.

Rationalität und Intuition können als die zwei Pole einer Skala interpretiert werden („entweder-oder") oder aber auch als parallel verlaufende Prozessarten („sowohl-als-auch") (Hodgkinson und Sadler-Smith, 2003) (**Abbildung 4.18**).

Die Kombination bzw. das Wechseln zwischen den beiden Prozessarten kann Erfolg versprechend sein, da damit die Schwächen beider Konzepte, wie z. B. die Anfälligkeit kognitiver Fehler bei intuitiven Prozessen oder der Zeitaufwand bei rationalen Prozessen, verhindert werden.

Abbildung 4.18: Intuition versus Rationalität

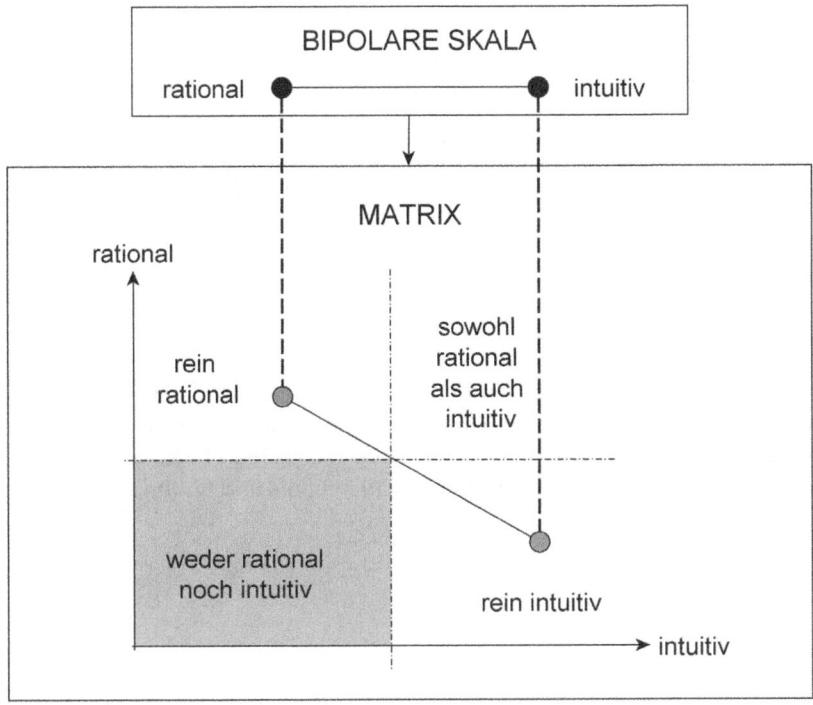

KOMBINATION INTUITION/RATIONALITÄT:

Nicht immer liegt eine klare und durchgängige Ausrichtung bezüglich des Entscheidungsverhaltens im Sinne der beiden Prozessarten in einem Unternehmen vor. Es treten Kombinationen der beiden prinzipiellen Ausrichtungen auf.

- In A1 ist dies die Verflechtung der gerichteten und ungerichteten Suche. Die ungerichtete Suche erfasst Informationen aus bislang nicht berücksichtigten Gebieten. Bei der gerichteten Suche ist der Vorgang formalisiert, standardisiert und somit meist garantiert. Die Kombination beider Vorgänge in A1 versucht, möglichst viele Stellen zu beachten (d. h. die Einbeziehung aller Mitarbeiter), verschiedenste Methoden und Modelle zum Einsatz zu bringen, wahrgenommene Signale und Änderungen von mehreren Seiten aus zu betrachten (d. h. verschiedenste Meinungen und Quellen zuzulassen) und Experimente und Offenheit zu erlauben.
- In A2 können formale Methoden mit intuitiven Interpretationen kombiniert werden.
- In A3 kann implizites Lernen mit explizitem verknüpft werden.

Aus diesem Grund ist es günstig, sich die folgenden Fragen zu stellen:

- Können wir eine Tendenz in unserem Unternehmen feststellen? Geht der Trend mehr in Richtung Intuition oder Rationalität?
- Oder kommt es zu mehr oder weniger häufigem Wechsel zwischen intuitivem Vorgehen und rationalen Entscheidungen? Wir sprechen von „kombinierten Prozesspfaden".
- Gibt es eine bevorzugte Ausrichtung (Intuition oder Rationalität) in den einzelnen SFA-Phasen?
- Oder gibt es Innovationsvorhaben (Projekte), bei denen – durchgängig – eher Gefühl und Intuition oder Rationalität dominieren? Wir bezeichnen solche Situationen bzw. SFA-Profile als „parallele Pfade".
- Gibt es bestimmte Organisationseinheiten, Stellen oder Personen (Führungskräfte, Projektmanager, Innovatoren), die bevorzugt eher intuitiv oder rational entscheiden? Wie beeinflussen sie die SFA- und Innovationsprozesse?

Die „kognitive Flexibilität" (Hodgkinson und Sadler-Smith, 2003) der beteiligten Personen ist Voraussetzung dafür, dass zwischen beiden Prozessarten gezielt gewechselt werden kann. Keine der beiden Prozessarten ist besser oder schlechter. Es kommt auf den passenden Wechsel zwischen beiden an (**Abbildung 4.19** in Louis und Sutton (1991)).

Abbildung 4.19: Der Wechsel von Intuition zu Rationalität

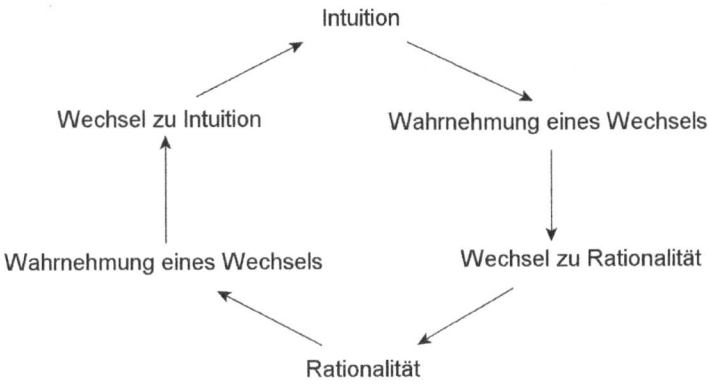

Fehler treten demnach nicht alleine aufgrund von Intuition auf, sondern wenn Personen den Wechsel zwischen den zwei Prozessarten nicht wahrnehmen (Louis und Sutton, 1991). Gründe für den Wechsel von unbewussten zu bewussten Prozessen sind[44]:

- eine ungewöhnliche und neue Situation (z. B. technischer Wandel, Eintritt von neuen Mitarbeitern, Jobverlust),
- eine Diskrepanz zwischen Erwartung und Realität (und damit Frust, Fehlschläge),
- eine geplante Anfrage von außen (z. B. etwas Neues zu probieren).

Sicher ist, dass diese Stile bzw. der Wechsel zwischen den Stilen von Kulturaspekten, Gruppennormen, Ideologien oder dem Klima beeinflusst werden (Louis und Sutton, 1991; Meyer, 1982). Organisationen mit flexiblen Werten nehmen eher Neuheiten oder Diskrepanzen wahr.

4.4 SFA-Prozessmodell

Für strategische Entscheidungen ist es wichtig, dass frühzeitig systematische und fundierte Informationen bezüglich der Innovationskultur und der Innovationsfähigkeit der Organisation vorliegen. Es ist gut zu wissen, wie mit den Signalen aus dem internen und externen Unternehmensumfeld umgegangen wird, wie sie wahrgenommen, kommuniziert, interpretiert und bewertet werden. Und es ist bedeutsam, wie gelernt wird und wie die Gepflogenheiten bei der Initiierung und Abwicklung von Innovationsvorhaben sind. Eine systematische Beschreibung und Einordnung dieser Aspekte ermöglicht das SFA-

---

[44] Den Wechsel von bewussten Stilen zu unbewussten haben die Autoren/innen nicht untersucht.

Prozessmodell, das den SFA-Ablauf strukturiert und mit den möglichen Prozessarten (Intuition/Rationalität) verknüpft. Es eignet sich als Analysewerkzeug, mit dem Manager in der Lage sind, die in ihren Unternehmen ablaufenden, innovationsrelevanten Aktivitäten zu erkennen, zu beschreiben und zu bewerten. Vergleiche mit anderen innovativen Unternehmen können damit gezogen, Eigenheiten, Stärken und Schwächen der Organisation festgestellt werden. Die Ergebnisse der Beschreibungen mittels des SFA-Prozessmodells sind die organisationsindividuellen SFA-Profile (SFA-Prozesspfade), die die Ausgangsbasis für die Ermittlung der kritischen Erfolgsfaktoren und für die möglichen Verbesserungen darstellen. Empirische Untersuchungen (Lasinger, 2010a)[45] haben gezeigt, dass es in erfolgreich innovierenden Unternehmen in den einzelnen SFA-Phasen nicht nur die reinen Prozessarten Intuition und Rationalität gibt, sondern dass manchmal auch eine Kombination davon auftritt. Daher umspannt das SFA-Prozessmodell über die drei SFA-Phasen die drei Prozessarten (rational, intuitiv, Kombination rational/intuitiv: **Abbildung 4.20**[46]).

Abbildung 4.20: SFA-Modell – Die Verknüpfung des SFA-Prozesses und der Prozessarten

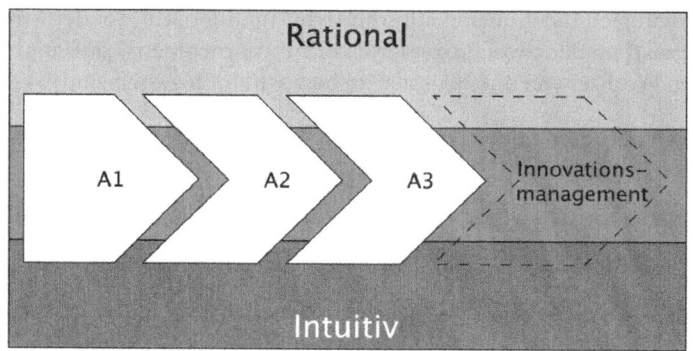

4.5 SFA-Prozesspfade

Innerhalb des Strukturrahmens, den das SFA-Prozessmodell vorzeichnet, gibt es unterschiedliche Wege, wie Unternehmen die Frühphasen von Innovation durchlaufen. Das Modell ist, wie oben ausgeführt, zeitlich in die drei Phasen (A1, A2, A3) gegliedert, die jeweils in einer der drei Prozessarten (I, R, K[47]) abgewickelt werden[48] (**Tabelle 4.3**).

---

[45] Und Abschnitt 4.5.1.

[46] Der Prozess in der Abbildung ist vereinfacht dargestellt. In der Realität werden die einzelnen Phasen (Abschnitt 4.1) zyklisch in Form von Regelschleifen durchlaufen. Die Charakteristika der drei Prozessarten werden in Abschnitt 4.3 erläutert.

[47] I steht für intuitiv, R für rational und K für kombiniert.

Tabelle 4.3: SFA-Prozessmodell mit den 9 möglichen Ausprägungen

		Phasen		
		A1	A2	A3
Arten	rational	RA1	RA2	RA3
	rational & intuitiv	KA1	KA2	KA2
	intuitiv	IA1	IA2	IA3

Daraus resultieren theoretisch 27 mögliche Pfade[49]. In einer ersten Abschätzung sind rein rationale (RA1–RA2–RA3), rein intuitive (IA1–IA2–IA3) oder kombinierte (KA1–KA2–KA3) Prozesspfade naheliegend. Alle anderen Kombinationen sind allerdings ebenso denkbar (z. B. IA1–RA2–KA3). Wie empirische Studien zeigen, nutzen erfolgreich innovierende Unternehmen einige dieser Pfade[50].

4.5.1 „Best-practice"-Beispiele

Die folgenden Beispiele sind österreichische Industrieunternehmen unterschiedlicher Betriebsgröße, die in den letzten Jahren zumindest eine erfolgreiche Produktinnovation am Markt durchsetzen konnten.[51] Die Unternehmen wurden größenmäßig in zwei Klassen eingeteilt[52]: 1. mittelgroße Unternehmen (MU) und 2. große Unternehmen (GU).

Zur Anonymisierung und einfacheren Schreibweise werden anstatt der konkreten Unternehmensnamen Kürzel (MU1 bis GU7) verwendet. Damit die Industriesektoren aber erkennbar sind, werden die in der untenstehenden **Tabelle 4.4** aufgeführten Unternehmenssynonyme verwendet.

---

[48] Die vierte Möglichkeit „weder intuitiv noch rational" wird dabei nicht mehr beleuchtet.

[49] Drei Phasen zu je drei Ausprägungen ergibt $3^3 = 27$ Möglichkeiten.

[50] Vgl. Lasinger, 2010a und Kapitel 4.51.

[51] Dargelegt durch verschiedene Preise, Auszeichnungen, aber auch durch entsprechend attraktive Marktanteile bei den neu entwickelten Produkten.

[52] Die Einteilung orientiert sich an den Größen Beschäftigtenanzahl und Jahresumsatz und zwar entsprechend der kombinierten Betriebsgrößendefinition der Europäischer Kommission (Umsatz) und den europäischen Richtlinien (Beschäftigtenzahl). Demnach werden Unternehmen mit 100 - 499 Beschäftigten und höchstens 50 Mio. EUR Umsatz dem Mittelunternehmen zugeordnet, in Großunternehmen arbeiten mindestens 500 Personen, die mindestens 50 Mio. EUR Umsatz pro Jahr erwirtschaften.

Tabelle 4.4: Kürzel zur Unternehmensidentifikation

	Unternehmenssynonym	Branche
MU1	KUNSTSTOFF-M-GMBH	Kunststoffverarbeitung
MU2	ELEKTRO-M-GMBH	Elektrotechnik
MU3	METALLWAREN-M-GMBH	Maschinen- und Metallwaren
MU4	ELEKTRONIK-M-GMBH	Elektro- und Elektronik
MU5	BAUTEIL-M-GMBH	Fahrzeuge
GU1	MASCHINENBAU-G-GMBH	Maschinenbau
GU2	FAHRZEUG-G-AG	Fahrzeuge
GU3	SYSTEM-G-AG	Maschinenbau & Software
GU4	PAPIER-G-AG	Papier, Textil, Chemie
GU5	TECHNIK-G-GMBH	Maschinenbau, Elektrotechnik
GU6	TEXTIL-G-GMBH	Textil, Chemie
GU7	ENTWICKLUNGS-G-GMBH	Fahrzeuge

In der **Tabelle 4.5** sind die zwölf untersuchten Unternehmen MU1 bis MU5 und GU1 bis GU7 eingeordnet. Einen quantitativen Überblick über die untersuchten Unternehmen geben die **Abbildungen 4.21, 4.22 und 4.23**.

Tabelle 4.5: Unternehmensgrößen

	Mitarbeiter-anzahl	Umsatz (Mio EUR)	Unternehmens-alter	Rechtsform
MU1 -MU5	100 - 300	30 - 60	9 - 87 Jahre	GmbH
GU1 -GU7	800 - 6.000	150 - 1.500	26 - 220 Jahre	GmbH (GU1, 5, 6, 7) AG (GU2, 3, 4)

Abbildung 4.21: Mitarbeiteranzahl und Umsatzzahlen

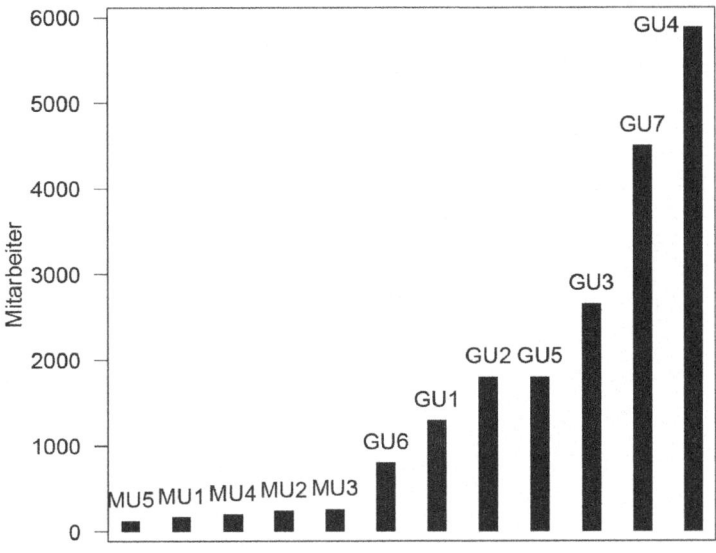

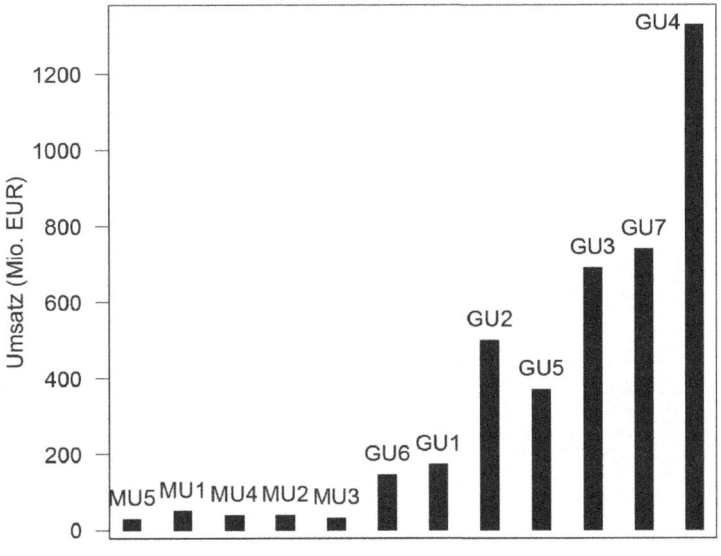

Abbildung 4.22: Verknüpfung Mitarbeiterzahl und Umsatz

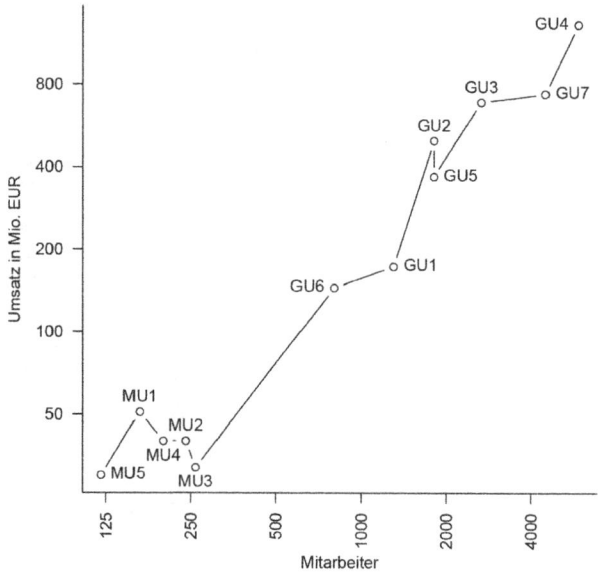

Abbildung 4.23: Zusammenhang Mitarbeiterzahl und Unternehmensalter

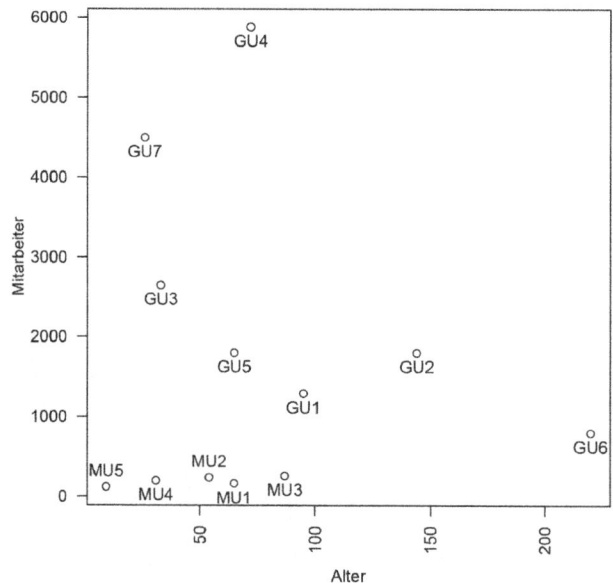

Aus den Abbildungen ist erkennbar, dass bei den Betriebsgrößen, Branchen, den Standorten (innerhalb Österreichs) und dem Unternehmensalter auf eine möglichst große Streuung geachtet wurde. Gleiches gilt für die Art der Unternehmensführung (**Tabelle 4.6**).

Tabelle 4.6:   Besitzverhältnisse und Unternehmensführung

	Familienbesitz	Fremdbesitz	Inhaberführung	Managementführung
MU1	●		●	
MU2		●		●
MU3	●			●
MU4		●		●
MU5	●		●	
GU1	●		●	
GU2	●		●	●
GU3		●		●
GU4		●		●
GU5	●		●	
GU6	●		●	
GU7	●		●	

Analysiert wurden inhabergeführte (Eigentümer, Unternehmen im Familienbesitz) und fremdgeführte Unternehmen (Manager). Die Art der Unternehmensführung wirkt sich grundsätzlich auf die Entscheidungsprozesse aus. Manager handeln auf einer zeitbegrenzten Vertragsbasis, Inhaber halten ein dauerndes Eigentumsrecht. Manager agieren im fremden Namen und unter Kontrolle, Inhaber im eigenen Namen und frei. Die Stärken der

Inhaberbetriebe hängen eng mit den Eigentümerpersonen zusammen, die der managementgeführten Unternehmen stark mit deren Kapitalbasis.

In **Abbildung 4.24** sind die SFA-Prozesspfade der zwölf Beispiele dargestellt.

Abbildung 4.24: SFA-Prozesse der 12 innovativen Unternehmen

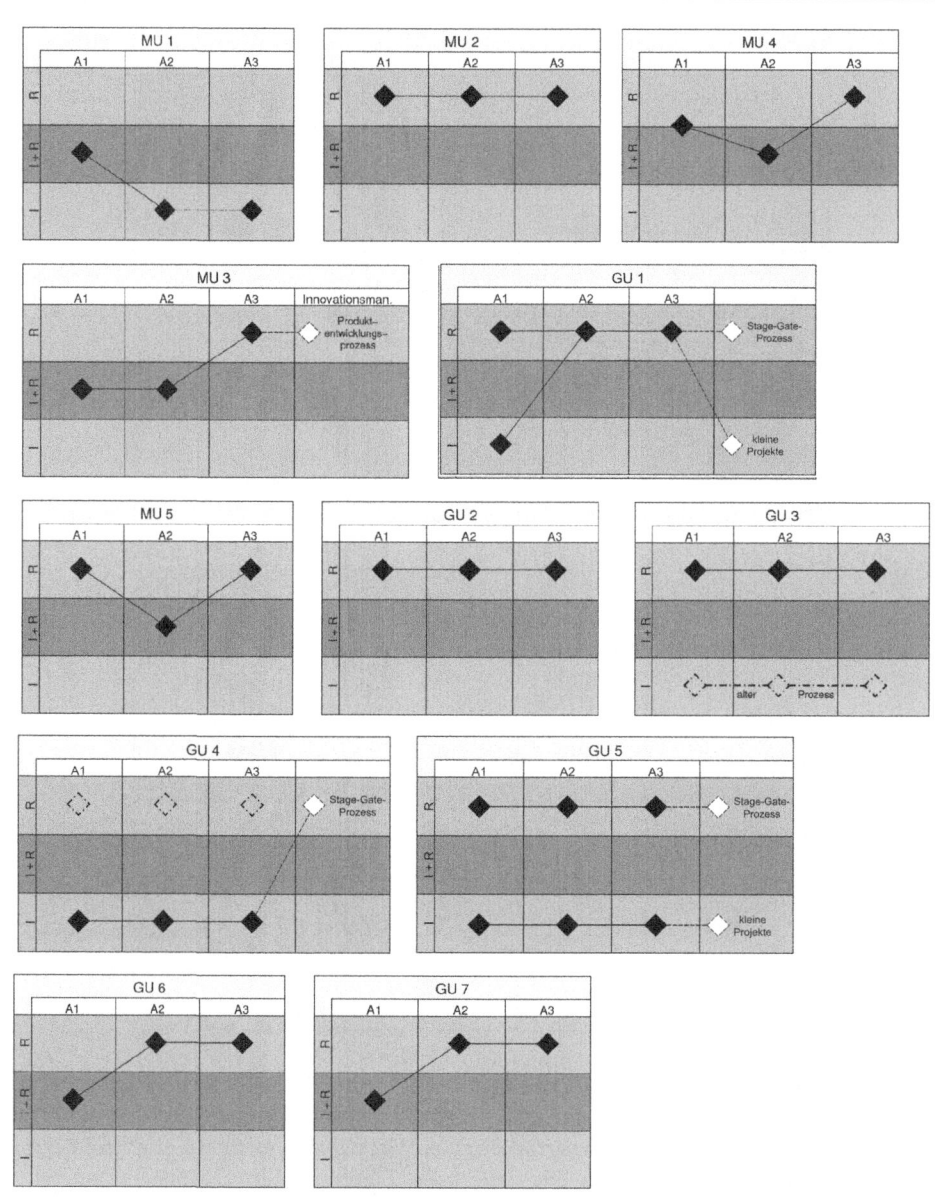

Die Ergebnisse zeigen, dass es bezüglich Innovationspfaden keine Unterschiede zwischen mittleren und großen Unternehmen gibt. Sie nutzen bestimmte, für sie typische Prozesspfade. Es lassen sich Ähnlichkeiten erkennen und damit Prozesspfadkategorien bilden: 1. rationale, 2. intuitive, 3. kombinierte und 4. parallele Pfade.

4.5.2 Rationale Pfade

Rationale Pfade sind dadurch definiert, dass in mindestens zwei der drei SFA-Phasen die rationale Ebene dominiert, d. h. Methoden bewusst und intensiv angewendet werden (**Abbildung 4.25**). Sowohl GU als auch MU folgen diesen Pfadmustern.

Abbildung 4.25: Rationale Pfade

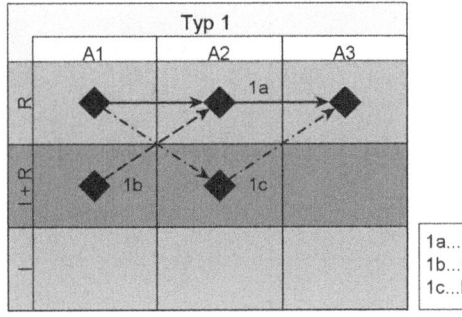

In Phase A1 werden alle folgenden Methoden eingesetzt:

- Beobachtungstechniken
- Recherchetechniken
- Kreativitätstechniken
- Analysetechniken
- Treffen, Kooperationen, Kontakt
- Dialog/Diskussion intern
- Dialog/Diskussion extern

In Phase A2 zusätzlich (ohne Beobachtungstechniken):

- Bewertungstechniken
- Niederschrift (Protokolle, Datenbanken etc.) (**Abbildung 4.26**)

Abbildung 4.26: Eingesetzte Methoden in den untersuchten Unternehmen in A1 und A2

	Methodenkategorien Phase A1						
	Beobachtung	Recherche	Kreativität	Analyse	Kontakt	Dialog intern	Dialog extern
MU1	●	●			●	●	●
MU2		●	●		●	●	●
MU3		●	●		●	●	
MU4		●	●		●		●
MU5						●	●
GU1	●	●			●		●
GU2	●	●				●	●
GU3				●		●	●
GU4	●	●	●		●	●	
GU5	●	●				●	
GU6	●		●			●	●
GU7	●						

	Methodenkategorien Phase A2							
	Recherche	Kreativität	Analyse	Bewertung	Kontakt	Dialog intern	Dialog extern	Niederschrift
MU1					●	●		●
MU2			●			●		
MU3				●		●	●	
MU4			●	●		●	●	●
MU5	●	●	●	●				
GU1					●	●		
GU2				●		●		
GU3	●		●	●		●	●	
GU4				●	●	●		
GU5						●		
GU6	●			●			●	
GU7			●	●			●	

Die Unternehmen wenden unterschiedliche Methoden in den beiden Phasen an. In A1 werden oft kunden- oder marktorientierte Methoden eingesetzt, und es wird viel recherchiert. Analysen kommen weniger zum Einsatz, Kreativitätstechniken (wie z. B. Brainstorming) häufiger. Die Kundeninformationen werden über verschiedene Wege ins Unternehmen geleitet (Vertreter, Außendienst, Verkauf oder Vertrieb). Wichtig sind interne Dialoge und Gespräche mit externen Personen. In A2 dominieren vor allem unternehmensinterne Diskussionen und Besprechungen. Bewertungstechniken, oft einfach und rudimentär, werden ebenso eingesetzt. Recherchen und Kreativitätstechniken werden vereinzelt durchgeführt.

4.5.3 Intuitive Pfade

Abbildung 4.27: Intuitive Pfade

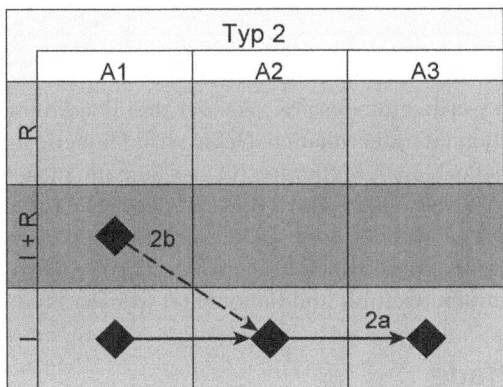

Als intuitive Pfade werden Prozesse verstanden, bei denen mindestens zwei der drei SFA-Phasen im intuitiven Bereich verlaufen (**Abbildung 4.27**). Auch diese Pfade finden sich sowohl in MU als auch in GU. Ausschlaggebend ist hier die starke Rolle der intuitiven Innovatoren. In diesen Unternehmen werden sowohl in den Vorphasen der Innovationen (d. h. in den SFA-Prozessen) als auch in den Innovationsprozessen selbst kaum analytische Methoden eingesetzt. Allenfalls kommen intuitive Methoden zur Anwendung. Es wird weniger geplant, überwiegend wird spontan gehandelt und improvisiert.

4.5.4 Kombinierte Pfade

Abbildung 4.28: Kombinierte Pfade

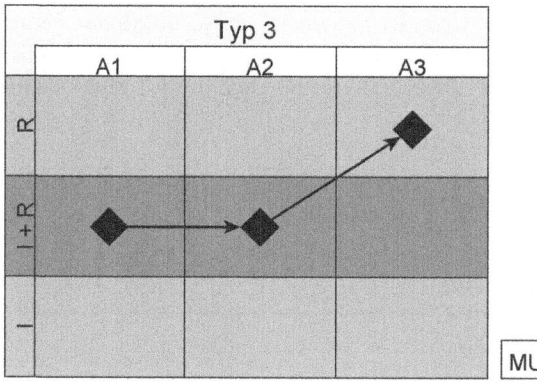

Bei den kombinierten Pfaden werden mindestens zwei der drei Phasen im überlappenden Bereich von Intuition und Rationalität durchlaufen. Dabei wird fallweise intuitiv gearbeitet und entschieden, es werden jedoch auch Methoden für das Signalmanagement eingesetzt, und zwar innerhalb einer SFA-Phase. Diese sind jedoch zumeist sehr einfach, und sie werden schnell und unkompliziert verwendet. In den Unternehmen, die dieser Pfadkategorie angehören, wird zwischen intuitivem und analytischem Vorgehen (zeitlich hintereinander) relativ häufig gewechselt. Intuition (Gefühl) und Rationalität werden situativ genutzt.

4.5.5 Parallele Pfade

Abbildung 4.29: Parallele Pfade

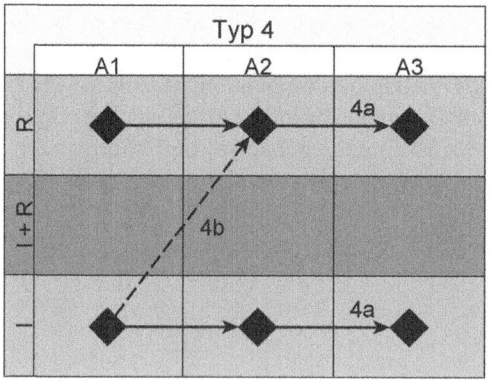

Auch die Unternehmen mit parallelen SFA-Prozesspfaden versuchen, Intuition und Rationalität situationsabhängig einzusetzen. Bei diesen Unternehmen erfolgt jedoch sowohl der Einsatz von Intuition als auch analytischer Methodik (in den einzelnen SFA-Phasen) praktisch gleichzeitig (**Abbildung 4.29**). Dies geschieht zur selben Zeit (d. h. zeitlich parallel) in verschiedenen Abteilungen der Organisation und/oder in verschiedenen Innovationsprojekten, die gerade abgewickelt werden.

Mit Hilfe der folgenden Analysebox kann der spezifische SFA-Prozesspfad eines Unternehmens entsprechend dem SFA-Prozessmodell ermittelt werden.

ANALYSEBOX **SFA-PROZESSPFAD**:

CHECKLISTE FÜR SFA-PHASE A1:

Bitte markieren Sie je Aussage die Spalte (R oder I+R oder I), die für Ihr Unternehmen am ehesten zutrifft. Sollten Sie eine Situation vorfinden, in der sowohl die Antworten R als auch I zutreffen – weil in unterschiedlichen Unternehmensstellen oder Innovationsprojekten durchgängig in einer Ausprägung gehandelt wird –, dann kennzeichnen Sie beide Spalten.

AUSSAGE	R	I+R	I
Die Suche nach Signalen erfolgt im Unternehmen ...	bewusst und geplant.	einmal so, einmal so.	ungeplant.
Die Suche erfolgt ...	regelmäßig.	unregelmäßig.	spontan.
Die Suche ist ...	zielgetrieben.	manchmal zielbezogen.	ohne Ziel.
Wonach wir suchen, das ...	wissen wir.	wissen wir manchmal.	wissen wir nicht.
Die aufgespürten Signale werden ...	benannt und dokumentiert.	teilweise dokumentiert.	mündlich kommuniziert.
Zuständige Personen und Stellen für die Signalsuche ...	gibt es.	gibt es fallweise.	gibt es nicht.
Eine Scanning und/oder Monitoringabteilung ...	gibt es.	gibt es nicht, aber es wird darüber diskutiert.	gibt es keine.

AUSSAGE	R	I+R	I
Die Prioritäten bei der Suche sind ...	klar.	hin und wieder klar.	unklar.
Die Gesamtinteressen stehen ...	im Mittelpunkt.	manchmal vor Einzelinteressen.	nicht im Mittelpunkt.
Analysemethoden für die Signalsuche und -erkennung ...	(wie z. B. PESTEL) werden angewendet.	werden nur selten und wenn, dann rudimentär angewendet.	gibt es keine.
Stakeholder-Befragungen, um Trends, Brüche, Diskontinuitäten zu erkennen, werden ...	gezielt und regelmäßig durchgeführt.	ziemlich unorganisiert und unregelmäßig durchgeführt.	keine durchgeführt.
Zum Aufspüren von Signalen werden ...	Sensor- und Prognosesysteme eingesetzt.	keine oder nur sehr einfache Systeme eingesetzt.	keine Systeme genutzt.

Markieren Sie in **Abbildung 4.30** das Feld (R, I+R oder I) in A1, wo Sie die meisten Zustimmungen haben. Gibt es sowohl in den Spalten R als auch I viele Zustimmungen, so kann dies auf einen Parallelpfad hindeuten. Offenbar werden im Unternehmen gleichzeitig mehrere oder viele Innovationsvorhaben abgewickelt, die unterschiedlich gehandhabt werden. Markieren Sie dann bitte beide Felder.[53]

CHECKLISTE FÜR SFA-PHASE A2:

Bitte markieren Sie wieder je Aussage die Spalte (R, I+R oder I), die für Ihr Unternehmen am ehesten zutrifft. Sollten Sie eine Situation vorfinden, in der sowohl die Antworten R als auch I zutreffen – weil in unterschiedlichen Unternehmensstellen oder Innovationsprojekten durchgängig in einer Ausprägung gehandelt wird –, dann kennzeichnen Sie beide Spalten.

---

[53] Sollte eine Gleichverteilung oder kein eindeutiger Schwerunkt festgestellt werden können, dann weist dies auf sehr unterschiedliche Vorgehensweisen in der Signalwahrnehmungsphase im Unternehmen hin. Dies gilt auch für die folgenden Einordnungen in den Phasen A2 und A3.

AUSSAGE	R	I+R	I
Zuständige Personen und Stellen für die Bewertung von Signalen ...	gibt es.	gibt es teilweise.	gibt es nicht.
Zum Verstehen schwacher Signale wird ... Zeit aufgewendet.	viel	unterschiedlich viel	kaum
Weitere Informationen werden ...	eingeholt und analysiert.	machmal und eingeschränkt berücksichtigt.	nicht berücksichtigt.
Hintergründe (Ursachen, Zusammenhänge) werden ...	gesucht und analysiert.	manchmal untersucht.	nicht betrachtet.
Ursachen und Wechselwirkungen ...	müssen verstanden werden.	sollen verstanden werden.	brauchen nicht analysiert werden.
Signale werden ... Chancen und Risiken bezeichnet.	erst nach längerer Zeit als	nach einer gewissen Zeit als	sofort bzw. sehr rasch als
Alternativen werden ... entworfen und analysiert.	praktisch immer	fallweise	selten oder nie
Die Handlungsmöglichkeiten werden ... abgeschätzt.	sehr genau	eher grob	eigentlich nicht
Die Bedeutungen (Folgewirkungen) der Signale werden ...	ermittelt („errechnet").	manchmal grob abgeschätzt.	nicht abgeschätzt.
Die Dringlichkeit der Aktionen wird ... behandelt und bewertet.	exakt	manchmal	nicht
Methoden der Bewertung und Machbarkeit werden ... eingesetzt.	vielfach und aufwändig	grob und vereinfacht	kaum oder nicht
Gefühle, Meinungen und Emotionen sind ...	nicht wichtig.	zählen manchmal.	haben außerordentliche Bedeutung.

Aussage	R	I+R	I
Über Ziele und Aktivitäten wird ...	viel gesprochen.	manchmal diskutiert.	gibt es nicht.
Bewertungen und Entscheidungen werden aufgrund ... getroffen.	objektiver Kriterien und Fakten	von beidem, von Fall zu Fall verschieden	von Erfahrungen, Gefühlen und Interpretationen
Es zählen ...	Wissen und Fakten.	beide, je nach Situation.	Überzeugung, Interessen, Macht.
Wenn Konflikte auftauchen, dann werden sie ...	mit „Methode und System" bearbeitet	je nach Fall unterschiedlich behandelt	über Gefühle und „Miteinander" behandelt

Markieren Sie in **Abbildung 4.30** das Feld (R, I+R oder I) in Spalte A2, in der Sie die meisten Zustimmungen haben. Gibt es sowohl in den Spalten R als auch I viele Zustimmungen, so kann dies auf einen Parallelpfad hindeuten. Offenbar werden im Unternehmen gleichzeitig mehrere oder viele Innovationsvorhaben abgewickelt, die unterschiedlich gehandhabt werden. Markieren Sie dann bitte beide Felder.

CHECKLISTE FÜR SFA-PHASE A3:

Bitte markieren Sie nun nochmals je Aussage die Spalte (R, I+R oder I), die für Ihr Unternehmen am ehesten zutrifft. Sollten Sie eine Situation vorfinden, in der sowohl die Antworten R als auch I zutreffen – weil in unterschiedlichen Unternehmensstellen oder Innovationsprojekten durchgängig in einer Ausprägung gehandelt wird –, dann kennzeichnen Sie beide Spalten.

Aussage	R	I+R	I
Der Veränderungsbedarf wird im Unternehmen ...	offiziell diskutiert.	teilweise angesprochen.	nicht thematisiert.
Über die Unternehmensposition, Prozesse, Produkte und Strukturen ...	wird regelmäßig reflektiert.	wird fallweise diskutiert.	wird nicht gesprochen.
Wir kennen unsere Stärken:	ja	teilweise	nicht

AUSSAGE	R	I+R	I
Wir kennen unsere Schwächen:	ja	teilweise	nicht
Über unsere Stärken und Schwächen ...	wollen wir mehr erfahren.	reden wir von Zeit zu Zeit.	reden wir nicht.
Über Fehler wird ...	regelmäßig gesprochen.	manchmal diskutiert.	spontan diskutiert.
Über Verbesserungen wird ...	regelmäßig gesprochen.	manchmal diskutiert.	nicht geredet.
Fehler werden ...	systematisch bearbeitet	unterschiedlich gehandhabt.	spontan behandelt.
Verbesserungsvorschläge werden ...	systematisch bearbeitet	fallbezogen gehandhabt.	spontan berücksichtigt.
Entscheidungen und Maßnahmen werden ... getroffen und gesetzt.	nachvollziehbar und geplant	situativ	spontan
Was gelernt wird, entscheiden ...	die Leitung oder eine definierte Stelle.	sowohl – als auch	jeder für sich.
Wie gelernt wird, entscheiden ...	die Leitung oder eine definierte Stelle.	sowohl – als auch	jeder für sich.

Markieren Sie in **Abbildung 4.30** nun das Feld (R, I+R oder I) in Spalte A3, in dem Sie die meisten Zustimmungen haben. Gibt es sowohl in den Spalten R als auch I viele Zustimmungen, so kann dies auf einen Parallelpfad hindeuten. Offenbar werden im Unternehmen gleichzeitig mehrere oder viele Innovationsvorhaben abgewickelt, die unterschiedlich gehandhabt werden. Markieren Sie dann bitte beide Felder.

Sie haben nun das prozessorientierte SFA-Profil Ihres Unternehmens in **Abbildung 4.30** vorliegen und können es mit den Profilen der erfolgreich innovierenden Unternehmen in **Abbildung 4.24** vergleichen.

Abbildung 4.30: Selbsteinschätzung SFA-Prozesspfad

	Individueller SFA-Prozess		
	A1	A2	A3
R			
I+R			
I			

- Welchem Innovationstyp gehören Sie an (rational, intuitiv, kombiniert oder parallel)?
- Sind Sie von dem Ergebnis überrascht oder entspricht es Ihren Erwartungen und Einschätzungen?
- Gibt es eine Ähnlichkeit mit einem der „best-practice"-Beispiele?
- Entspricht das SFA/RI-Profil Ihres Unternehmens dem passenden „best-practice"-Beispiel (Größe, Branche)?
- Welche Schlussfolgerungen können Sie aus dem Vergleich ziehen? Sehen Sie einen Mangel/Überschuss am Einsatz rationeller Methoden oder der „Anwendung" von Intuition in einer der SFA-Phasen? Möchten Sie etwas ändern? Welche Konsequenzen hätten diese Änderungen für die Entwicklung neuer Produkte und Leistungen in Ihrem Unternehmen?

Im folgenden Teil werden die neun Felder des SFA-Modelles interpretiert, die Stärken und Schwächen sowie die Chancen und Risiken der einzelnen Ausprägungen (im Rahmen der Profile) beschrieben. Zudem wird der Bezug zu den theoretischen Grundlagen hergestellt und Handlungsanleitungen vorgeschlagen.

Teil III
Signalnavigator – Profilauswertung und Umsetzung

5 Profilauswertung und SFA-Werkzeugkiste

In der ersten Phase Activation (A1) kann zwischen dem intuitiven Scanning und dem rationalen Monitoring unterschieden werden. Die darauf folgende Assessment-Phase (A2) unterscheidet zwischen intuitiver „strategic issue diagnosis" (= SID) und analytischer „strategic issue analysis" (SIA). Die Phase Action (A-3) differenziert intuitiv-implizite von analytisch-rationalen Lernprozessen (**Abbildung 5.1**).

Abbildung 5.1: Charakterisierung der Prozessabläufe

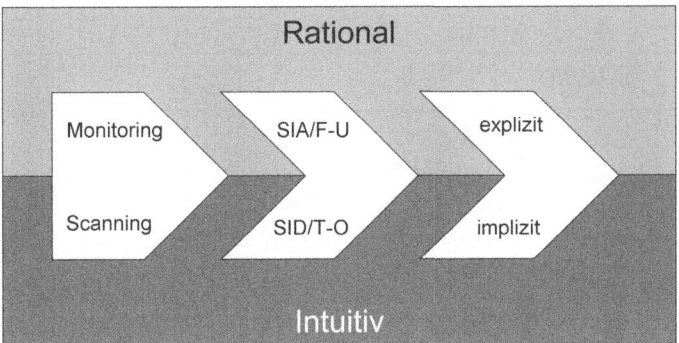

Alle drei Phasen werden gesondert betrachtet. Zuerst erfolgt eine kurze Definition der Tätigkeiten in der Phase und Prozessart, dann werden die Stärken, Schwächen, Chancen und Risiken beleuchtet (SWOT-Analyse). Abgerundet werden die Kapitel durch spezielle Tipps für die Ausgestaltung der Phasen A1, A2 und A3. Das Kapitel wird mit Handlungsanleitungen abgeschlossen, die über dem SFA-Gesamtprozess liegen und nicht einer spezifischen Phase zugeordnet werden können.

5.1 Activation-Phase

Im Mittelpunkt der Activation-Phase stehen das Scanning und das Monitoring. Scanning und Monitoring stellen zwei Arten der Informationsaufnahme dar. Mit ihnen sollen die Unsicherheit reduziert und schwache Signale aufgespürt werden. Scanning wird oftmals als Überbegriff für beide Vorgänge (Scanning und Monitoring) verwendet und fasst Umweltbeobachtung im Allgemeinen zusammen. Die Trennung von Scanning und Monitoring ist allerdings nötig, da sie sich durch gegensätzliche Charakteristika auszeichnen: Scanning bedient sich mehr der Intuition („automatic scanning"), Monitoring greift auf rationale Prozesse zurück („directed search" (Kiesler und Sproull, 1982)).

5.1.1 Ausprägung IA1

Schöpfer des Scanningbegriffes war Aguilar (1967) mit seinem Werk „Scanning the business environment". Die Hauptaufgabe des **Scannings** sieht er in der ungerichteten, informalen Ad-hoc-Beobachtung bzw. dem Abtasten und Rastern der Umwelt. Das Ziel ist es, Trends in noch nicht erkannten und/oder bereits beobachteten Umweltbereichen zu ermitteln („dynamische Umweltanalyse" (vgl. Hammer, 1992), „360-Grad-Radar" (Krystek und Müller-Stewens, 1993)). Der Hauptzweck des Scanning-Schrittes ist die schnelle Informationssuche. Diese soll helfen, früh auf Informationen oder Hinweise zu stoßen, die im Laufe der Zeit, oder durch Kumulation, Hinweise auf zukünftige Veränderungen (Chancen oder Bedrohungen) geben. Beim Scanning sind für die Suche keine Indikatoren vorhanden. Es kann sogar unbewusst stattfinden (Kiesler und Sproull, 1982). Scanning entspricht einer Mikrobetrachtung, da es sich auf die Wahrnehmung von Individuen bezieht. Die **Tabelle 5.1** stellt die Stärken und Schwächen den Chancen und Risiken gegenüber.

Tabelle 5.1:	IA1-SWOT
STÄRKEN	– schnelle Suche – geringer kognitiver Suchaufwand – breiteres Wahrnehmungsspektrum – außergewöhnliche (außerhalb des Routinebeobachtungsraumes) Signale erfassbar
SCHWÄCHEN	– geringere Sicherheit – Unschärfe der Information – unspezifische Informationen – wenig Tiefe – ungeprüfte Signale (Anfällig für irrelevante Gerüchte) – schwer kommunizierbar – Wahrnehmungsfehler (wie z. B. selektive Wahrnehmung, Wünschbarkeit, Nikolauseffekt, Überbetonung von wiederholten, ersten und letzten Informationsinhalten ...)
CHANCEN	– keine Überforderung der Beteiligten, speziell in turbulenten und komplexen Umwelten – schwache Signale werden eher erkannt – Entscheidungsfähigkeit in unsicheren und unscharfen Situationen – geeignet für emotionale und politische Themenstellungen
RISIKEN	– Irrläufer (mit dem Ergebnis von Entwicklungsflops) – Promotoren können nicht gewonnen werden – Verpuffung der Signale (künftige Ideen) durch Nichtkommunikation, Vergessen von Suche und Signalen – geringer Wissensaufbau und Lerneffekt (durch mangelnde Dokumentation)

5.1.2 Ausprägung RA1

Wurden Informationen durch Scanning ermittelt, schließt sich im Modell der nächste Schritt des **Monitorings** an. Monitoring bedeutet eine vertiefte, dauerhaftere, formale und gerichtete Suche über die bereits im Scanning ermittelten Trends. Diese Art der Suche wird als Makrosicht verstanden. Monitoring ist im Gegensatz zum Scanning aktiv, d. h. auf eine spezielle Frage ausgerichtet. Es ist systematischer, fokussierter und strukturierter. Oft wird Monitoring durch Organisationseinheiten und speziell beauftragte Personen oder Funktionen durchgeführt und methodisch unterstützt.

Nach der Suche erfolgt die Erfassung und Dokumentation, d. h. die Speicherung der schwachen Signale (Signaldokumentation) für die spätere Verdichtung der Daten und das Herausfinden von Zusammenhängen. Durch den Rückgriff auf bereits dokumentierte Erkenntnisse kann Zeit gewonnen werden. Überdies ermöglicht die Dokumentation eine Überwachung, und es kann zu einem späteren Zeitpunkt auf bereits verworfene Aspekte zurückgeblickt werden (Recyclingfunktion). Filterfunktionen kommen beim Monitoring eher zum Tragen als beim Scanning (vgl. **Tabelle 5.2**).

Tabelle 5.2:	RA1-SWOT
STÄRKEN	– tiefe, gerichtete, systematische, regelmäßige Suche von Signalen (erhöhte Erinnerbarkeit) – zielgerichtet durch eine leitende Themenstellung – bewusste Auseinandersetzung mit dem Signal – überprüfbare, transparente, nachvollziehbare Suche (durch Dokumentation) – Methodenunterstützung – leichtere Überzeugungmöglichkeit (Gewinnen von Promotoren)
SCHWÄCHEN	– eingeengter Beobachtungsraum – starke Bindung von Ressourcen (Informationsverarbeitungskapazität) – starke Filterung – aufwändige und damit träge Suche – Methodengläubigkeit
CHANCEN	– Lernmöglichkeit – Wissensaufbau (z. B. Datenbanken) – Aufbau von Routine bei der Signalsuche (erhöhte Schnelligkeit) – Gewinnen von Erkenntnissen von Zusammenhängen – erhöhte Umsetzungswahrscheinlichkeit bzw. Weiterführung in Phase A2 – Entwicklung von Spezialisten
RISIKEN	– vor allem schwache, erstmalige und einmalige Signale werden mit hoher Wahrscheinlichkeit übersehen – Übertreibung (des Methodeneinsatzes) führt zu Bürokratie, Demotivierung der Betroffenen und damit zu einer Verlangsamung des Innovationspotenzials – falsche Einschätzungen

5.1.3 Ausprägung KA1

Beim Scanning sollen schwache Signale „erfühlt" werden. Daher stehen hier Intuition und ein ganzheitlicher Zugang im Vordergrund (Krystek und Müller-Stewens, 1993). Das Monitoring hingegen verlangt analytisches Vorgehen, um in den Folgeschritten den Chancen- oder Bedrohungscharakter feststellen zu können. Ressourcen, persönliche Fähigkeiten sowie finanzielle und persönliche Einsatzbereitschaft bestimmen das Ausmaß und den Einsatz von Scanning und Monitoring (vgl. **Tabelle 5.3**).

Tabelle 5.3: KA1-SWOT

STÄRKEN	– Ausgleich der Schwächen der beiden Extremausprägungen Intuition/Rationalität
SCHWÄCHEN	– Verzettelung, Verunsicherung und damit Verzögerungen – Addition der Schwächen beider Extremausprägungen – hoher Aufwand, Überforderung
CHANCEN	– bei ausreichender Sensibilität und geeigneter situativer Wahl zwischen innovativ und rational können die Möglichkeiten der beiden Extremausprägungen genutzt werden (Synergieeffekt)
RISIKEN	– sinkende Signalwahrnehmung – Manipulation

5.1.4 Tipps für die Activation-Phase

Jeder Diskontinuität sind schwache Signale vorgelagert. Die Aufgabe des ersten Schrittes im SFA-Prozess ist es, diese schwachen Signale zu erkennen. Ein strategisches Radar hilft, diese aufzuspüren (Welge und Al-Laham, 2003). Es konzentriert sich auf wenige wichtige Ereignisse und verzichtet auf eine Erfassung aller möglicher Signale: Beim strategischen Radar geht es um die Verlagerung vom kurzfristigen Reagieren zum frühzeitigen strategischen Agieren, und damit zur langfristigen Zukunftssicherung der Unternehmen durch entsprechende Weichenstellungen in der Gegenwart. Die Nutzung von Indikatoren ist nicht wirklich Erfolg versprechend, da diese auf Erfahrungen und Erhebungen der Vergangenheit ausgerichtet sind und weniger auf zukünftige Entwicklungen. Für neuartige Ereignisse (wie Diskontinuitäten) sind Indikatoren zu starr, quantitativ und mechanistisch. Das strategische Radar versucht, qualitative und weiche Informationen aufzunehmen.

Erkannte schwache Signale stellen Erfolgspotenziale dar, wenn es gelingt, den häufig schwer fassbaren Informationskern zu entdecken und darauf geeignet zu reagieren. Für die Errichtung eines strategischen Radars sind folgende Aspekte hilfreich:

- Festlegung der Informationsmenge und der Beobachtungsbereiche
- Ausweitung der Beobachtungsbereiche z. B. durch „Grenzgänger" („boundary spanners")
- Aufmerksamkeit und Bewusstsein („alertness" und „awareness") jedes Unternehmensmitgliedes
- Flexibilität durch dynamische Kompetenz („dynamic capabilities")

5.1.4.1 Informationsmenge und Beobachtungsbereiche

Informationen sind Signale und Symbole, die – im Unterschied zu Daten – für die betreffende Person irgendwie eingeordnet werden können, eine Bedeutung haben (einen Sinn ergeben). Unternehmen leiden meist nicht an zu wenig Informationen[54] – oft fehlen aber die relevanten. Die Gründe dafür liegen darin,

- dass die Aufwände und Erträge der Informationssuche nicht in einer Unternehmensstelle vereint sind. Damit sind die Anreize für die Informationssuche ungleich verteilt.
- dass in Unternehmen fortlaufend Informationen gesammelt werden, welche (zunächst) keinen unmittelbaren Wert darstellen.
- dass Informationen von Individuen selektiv oder opportunistisch aufgenommen und häufig für den Aufbau von Macht missbraucht werden.
- dass viele Informationen erst nach den Entscheidungen eingeholt werden[55].

Es gibt zwei gegensätzliche Richtungen, die sich mit der Informationsmenge in Unternehmen und deren Auswirkungen beschäftigen: „organizational information processing perspective" und „behavioural decision making" (oder „social cognition research") (Kuvaas, 2002). Die erste Theorie unterstützt die Annahme, dass bei einer steigenden Informationsmenge die Aufmerksamkeit gleichmäßig ansteigt. Die andere Theorie vertritt den genau gegensätzlichen Standpunkt. Informationen schaffen demnach nur übermäßiges Selbstvertrauen und falsche Vorstellungen von Kontrollmöglichkeiten. Studien bestätigen diese zweite Annahme (Kuvaas, 2002).

Unternehmen, die viele Informationen zur Verfügung haben, glauben – im Gegensatz zu Unternehmen mit weniger Informationen – an höhere Kontrollierbarkeit. Verfügen die Manager über höhere Informationskapazitäten, so sehen sie Probleme eher als lösbar und kontrollierbar an und verzichten auf eine starke Informationssuche. Personen, die viele Informationen verwenden, neigen nach Thomas et al. (1993) eher dazu, positive Aspekte (und damit Chancen) zu bevorzugen.

---

[54] Die Informationssuche und -verwahrung verschafft den Akteuren Legitimtät und Akzeptanz. Daher werden mehr und mehr Informationen angestrebt.

[55] Es ist bekannt, dass wichtige Entscheidungen emotional getroffen und dann rational begründet werden.

> Erhöhen Sie den Informationsfluss und weiten Sie Ihre Beobachtungsbereiche aus! Nutzen Sie viele Informationen!

Ziel eines **strategischen Radars** ist es, den Blick zu weiten und sich von ursprünglichen Beobachtungsbereichen zu entfernen. Die reine Außenorientierung wird durch eine Kombination von Innen- und Außenfokussierung abgelöst. Gewohnheiten sollten hinterfragt und gegebenenfalls angepasst werden. Hilfreich dafür sind Fragenkataloge, Analysetools und Methoden wie „boundary spannings" und „peripheral vision" (vgl. Sektion 5.1.4.2).

Die strategisch relevanten Beobachtungsbereiche müssen erkannt werden. Als relevant werden jene Aspekte angesehen, die mit dem Sachziel bzw. der Unternehmensaufgabe direkt verbunden sind. Diese Verbindung ist jedoch oftmals nur schwer darstellbar, besonders wenn es sich um qualitative, schwache Signale handelt. Informationen werden in Unternehmen an verschiedenen Stellen gesammelt: Marketingabteilungen konzentrieren sich auf externe Trends, Planungsabteilungen auf interne und externe Geschehnisse. Durch Selektion sollen jene Bereiche gefiltert werden, die für das Unternehmen und dessen Entwicklung strategisch relevant sind, um somit die Informationskapazitäten nicht zu überlasten. Allerdings ist Offenheit gegenüber Umweltbereichen, die nicht im momentanen Beobachtungs- und Bewusstseinsfeld des Unternehmens stehen, nötig, um auf schwache Signale reagieren zu können. Denn diese treten oft unvorhergesehen und in ungewohnten Bereichen auf.

Erfolgreiche Unternehmen betrachten weitere Umweltbereiche als nicht erfolgreiche Unternehmen (Yasai-Ardekani und Nystrom, 1996). Hambrick (1981) propagiert das „cross-functional scanning", ein Scanning, das sich über verschiedene funktionale Bereiche erstreckt. Diese Ausweitung wird durch folgende Schritte erzielt:

- Kombination der Umwelt- und Unternehmensbeobachtung
- „Think-Big"-Einstellung
- Erkennung und Analyse der Beobachtungsmodalität

> Hinterfragen Sie Gewohnheiten (Welchen Nutzen haben sie? Welche Nachteile sind mit ihnen verbunden)! Nutzen Sie Fragenkataloge!

Kombination der Umwelt- und Unternehmensbeobachtung Hammer (1992) betont, dass die Umweltbeobachtung schon seit jeher das eigentliche Kernstück des Managements von Diskontinuitäten darstellt. Allerdings wird die Beobachtung oftmals nur auf die (externe) Unternehmensumwelt beschränkt (z. B. Welge und Al-Laham, 2003). Ein wichtiges zweites Element in der SFA ist die Sicht nach innen. Die Chancen und Risiken der Umwelt müssen mit den Stärken und Schwächen des Unternehmens abgeglichen werden. Ein schwaches Signal kann nur als solches genutzt werden, wenn es auf Unternehmensstärken trifft. Risiken treten ein, wenn schwache Signale im Unternehmen nicht aufgenommen oder genutzt werden können oder wenn sie auf Schwächen treffen. Schwache Signale finden sich nicht nur in der Unternehmensumwelt, sondern auch im Unternehmen selbst. Daher ist neben der Umweltbeobachtung auch die Unternehmensbeobachtung wichtig. Auch Day und

Schoemaker (2007) sprechen sich für eine Kombination von internen und externen Beobachtungsbereichen aus. Ausgehend von einem internen Scanning (also z. B. internens Wissen über die Beobachtungsbereiche), werden die Beobachtungsbereiche auf Stakeholder, Makroumweltbereiche, neu entstehende Trends und Industrien ausgeweitet.

> Beobachten Sie sowohl die Innen- als auch die Außenwelt!

„Think-Big"-Einstellung Ein wichtiger Wert bzw. eine Einstellung für die rechtzeitige Erkennung schwacher Signale ist Offenheit. Personen sind gefragt, die „out-of-the-box" denken können und den Überblick bewahren.

> Wenden Sie folgende Strategien an, um schwache Signale rechtzeitig durch eine Makrosicht zu erkennen (Davis, 2008):
>
> - Lesen Sie alle Branchenberichte, auch wenn diese nicht direkt zu Ihren Aufgaben oder Ihrem Wirtschaftsbereich zählen!
> - Beobachten Sie andere Branchentrends!
> - Seien Sie offen gegenüber Ideen, die im ersten Augenblick irrelevant oder zerstörend wirken!
> - Vertrauen Sie Ihren Führungserfahrungen und Ihrer Intuition!
> - Versuchen Sie, die Zusammenhänge zu sehen („big picture") und nicht die Einzelaspekte!
> - Kommunizieren Sie mit möglichst vielen und verschiedenen Personen!
> - Seien Sie sich der möglichen Wahrnehmungsfehler und -verzerrungen bewusst (sowohl der eigenen als auch der von anderen)!
> - Beobachten und nehmen Sie regelmäßig schwache Signale auf!
> - Sobald Sie ein schwaches Signal erkennen, leiten Sie weiterführende Schritte ein!
> - Denken Sie über die System-/Organisationsgrenzen hinaus!
> - Denken Sie über die engen zeitlichen Limits hinaus (z. B. wie sie in den standardmäßigen Unternehmensplanungen vorkommen)!

Erkennung und Analyse der Beobachtungsmodalität Für die SFA ist wichtig, wie die Organisation ihre Umwelt wahrnimmt und interpretiert.

> Stellen Sie sich folgende Fragen:
>
> - Wie beeinflusst die Umwelt (bestimmte Bereiche und Faktoren) unser Denken, Entscheiden und Handeln?
> - Haben wir als Unternehmen Einfluss auf die Umwelt? Auf welche Umweltbereiche?
> - Wie (in welche Richtung), wie schnell und wie stark können wir die Umwelt gestalten? Oder müssen wir uns reaktiv an die Umwelt anpassen?

Liebl (1991) unterscheidet bei der Beobachtung zwei Perspektiven:

- Bei der **„inside-out"-Perspektive** ist die Organisation selbst der Ausgangspunkt der Betrachtung. Es werden daher jene Bereiche beobachtet, die für die gegenwärtige Position des Unternehmens von Relevanz sind. Diese sehr begrenzte Ansicht würde zwar eine strukturierte Vorgehensweise erlauben, macht aber das ungerichtete Suchen des Scannings fast unmöglich.

- Die **„inside-in"-Perspektive** versucht, zuerst ein allgemeines Verständnis über mögliche und langfristige Veränderungen in Umweltbereichen zu erfassen, bevor deren Bedeutung auf das Unternehmen umgelegt wird. Sie ermöglicht es, neue Trends in einem breiten Umfeld zu identifizieren und eine frühere Reaktion anzuschließen. Das Sichtfeld wird nicht bereits zu Beginn stark eingegrenzt. Allerdings ist bei dieser Sichtweise der Aufwand für Scanning und Monitoring höher als bei der „inside-out"-Perspektive.

Daher plädiert Liebl (1991) für eine gemischte Sichtweise, um die Vorteile der beiden Perspektiven zu vereinen und mögliche Nachteile einzuschränken. Wichtig ist es, dass sich Organisationen ihrer Beobachtunsmodalitäten bewusst werden und gegebenenfalls bei einer einseitigen Ausrichtung (entweder auf „inside-out" oder „inside-in") lenkende Maßnahmen angehen.

> Ermitteln Sie, wie Sie Ihre Umwelten beobachten! Legen Sie Wert auf eine gemischte Sichtweise (inside-out und inside-in)!

Day und Schoemaker (2005) und (2007) sprechen sich für den Einsatz des strategischen Werkzeugs **„strategic eye exam"** aus. Dabei soll zuerst das Ausmaß der Suchaktivitäten im Unternehmen festgelegt und dann die Wichtigkeit der eingehenden Signale eingeschätzt werden. Hierfür schlagen die Autoren eine Checkliste und ein Einordnungsschema für das Unternehmen vor. Der Fragenkatalog für das Unternehmen inkludiert Fragen über

- die Unternehmensaktivitäten in der Vergangenheit (z. B.: Gibt es analoge Entwicklungen in anderen Industrien? Was waren unsere blinden Flecken?).
- mögliche Verbesserungspotenziale.
- die Analyse der Gegenwart (z. B.: Welche wichtigen Signale werden übersehen? Was denken Konsumenten und Wettbewerber wirklich?).
- mögliche Zukunftsentwicklungen (z. B.: Welche zukünftigen Entwicklungen können uns wirklich schaden? Welche aufkommenden Technologien könnten alles verändern? Welche Substitute könnten unsere Produkte oder Leistungen gefährden?).

> Stellen Sie sich folgende Fragen, um sich der momentanen Einstellung gegenüber Beobachtungs- und Suchaktivitäten im Unternehmen bewusst zu werden:
> – Was verstehen wir unter Umwelt? Wo ziehen wir die Grenze zwischen Umwelt und Organisation? Wo ergeben sich Schwierigkeiten bei der Abgrenzung?

Activation-Phase

- Wen/was zählen wir zu unserer Umwelt?
- Welchen Umweltbereichen schenken wir besonders viel Aufmerksamkeit? Wie beobachten wir diese Bereiche? Wie erhalten wir die Informationen für unsere Entscheidungen?
- Welche Bereiche hatten in der Vergangenheit einen großen Einfluss auf unser Unternehmen? Warum? Wie sind wir damit umgegangen? Haben wir etwas übersehen? Was können wir daraus lernen?
- Welche Bereiche haben zurzeit eine große Bedeutung und Relevanz für unser Unternehmen? Warum?
- Welche Bereiche werden in Zukunft für uns immer wichtiger? Welche Gründe gibt es dafür?
- Haben wir ein eingeschränktes Suchfeld, oder ziehen wir viele verschiedene Quellen in unsere Überlegungen ein?
- Welche Umweltbereiche beachten wir im Moment nicht, die jedoch für die schwache Signalerkennung wichtig sein könnten?

Unternehmen sollten sich somit neben der Interpretation und Beschäftigung mit vorliegenden Daten auch mit den fehlenden Teilen ihrer Wahrnehmung befassen.

Hinterfragen Sie ihre vergangenen, gegenwärtigen und zukünftigen Signal-Suchstrategien! Versuchen Sie, die blinden Flecken zu erkennen und auszufüllen!

5.1.4.2 Methoden zur Beobachtungserweiterung: „boundary spanning behavior" und Unternehmensperipherie („peripheral vision")

Sowohl in großen als auch in mittelgroßen Unternehmen eignet sich die Installation sogenannter **„boundary spanners"** (Carter, 1990). „Boundary spanners" sind jene Personen innerhalb eines Unternehmens, die häufig mit der Umwelt in Kontakt stehen (Lauzen (1995); Aldrich und Herker (1977); Boulton et al. (1982)). Sie finden sich an den Schnittstellen der Organisationen zur äußeren Umwelt oder zwischen den Unternehmensfunktionsbereichen, z. B. zwischen Verkauf- und Produktion oder Technik.[56] Ihre Aufgaben sind die Interpretation der Umweltbedingungen und die Informationsweitergabe an die Entscheidungsträger der Organisation. Institutionalisierte oder freiwillige „boundary spanners" (je nach Unternehmensstruktur und -größe) ermöglichen es, Umweltveränderungen rechtzeitig zu erkennen.

---

[56] Derartige Abteilungen sind beispielsweise der Technische Kundendienst, die Arbeitsvorbereitung (Produktionsplanung und -steuerung), der Verkaufsinnendienst oder das Qualitätsmanagement. Personen an diesen Stellen stoßen – bei günstigen Rahmenbedingungen – SFA-Prozesse besonders häufig an und ermöglichen damit Innovationen.

Das Konzept der „boundary spanners" stimmt mit den Vorschlägen von Day und Schoemaker (2005, 2007) überein. Diese Autoren sprechen von einer **Unternehmensperipherie**, d. h. jenen Umweltbereichen, die direkt an die Organisation angrenzen. In dieser Zone befinden sich schwer sehbare und interpretierbare – allerdings für das Unternehmen wichtige – Signale. Obwohl die Autoren die Wahrnehmung und Interpretation der Ereignisse aus diesem Bereich als schwierig empfinden – und Manager ihr oft keine Aufmerksamkeit zukommen lassen – betonen sie deren Wichtigkeit. Um diese Unternehmensperipherie zu unterstützten, sollten Unternehmen nach Day und Schoemaker (2007) sichtbare Kanäle für den Informationsaustausch aufbauen und das Teilen dieser Informationen belohnen. Dieses Teilen bedingt eine Vertrauenskultur und das Bewusstsein, dass Informationen wertvoll sind. Eine entsprechend ausgerichtete Unternehmenskultur und das Vorleben dieser Einstellung durch die Unternehmensführungen erleichtern die Ausrichtung der Unternehmen.

| Nutzen Sie „boundary spanners" und beziehen Sie besonders die Unternehmensperipherie mit ein!

5.1.4.3 Aufmerksamkeit und Bewusstsein der Unternehmensmitglieder

Um offen suchen und viele schwache Signale erkennen zu können, ist die hohe Aufmerksamkeit oder Sensibilität von Menschen nötig. Nach Singh et al. (1999) ist die Selbstwahrnehmung von Aufmerksamkeit („alertness") – die Fähigkeit, etwas wahrnehmen zu können, was andere nicht sehen – eine wichtige Innovatorenkompetenz. Wenn Individuen sich ihrer Aufmerksamkeit bewusst sind, dann führt dies eher zur Wahrnehmung schwacher Signale und zur Realisierung von Chancen (Blanco und Lesca, 1998). Boyd und Fulk (1996) sprechen in diesem Zusammenhang von „awareness strategies". Dabei ermöglichen Unternehmen die Evaluation schwacher Signale, die zu vage oder zu schlecht definiert sind, um in formalen strategischen Plänen Berücksichtigung zu finden. Unter anderem zählt dazu auch das individuelle Interesse der Personen (Innovatoren) an dem schwachen Signal (Bansal, 2003). Unternehmen können diese individuellen Interessen fördern, indem sie Freiräume für Mitarbeiter schaffen, in denen sich diese ihren eigenen Interessen widmen können. Strebt das Unternehmen darüber hinaus eine größtmögliche Mischung an Personen an (Heterogenität), so wird eine hohe Aufmerksamkeit oder Wachsamkeit eher erreicht.

| Unterstützten Sie die Aufmerksamkeit und Sensibilität Ihrer Mitarbeiter! Fördern Sie Freiräume und eine hohe Vielfalt, d. h. Unterschiede bei den zusammenarbeitenden Mitarbeitern!

5.1.4.4 Flexibilität durch dynamische Kompetenz („dynamic capabilities")

Flexible Unternehmen mit einer weniger stark ausgeprägten deterministischen strategischen Planung, quantitativen Zielen und Implemetierungsplänen sind fähiger, Veränderungen (z. B. der Verbraucherbedürfnisse) wahrzunehmen und darauf passend zu reagieren (Dibrell et al., 2007). Beobachtungsbereiche können sich im Verlauf verändern, erweitern oder einengen. Müller (1981) spricht in diesem Zusammenhang von einer „dynamischen Umwelt". Dies bedeutet, dass sich die Quellen schwacher Signale ständig verändern.

Flexibilität kann durch **dynamische Kompetenzen** erhöht werden (Gilbert, 2006; Julian et al., 2008; Eisenhardt und Martin, 2000). Dynamische Kompetenz bedeutet nicht nur, von einer Prozessart in die nächste zu wechseln (z. B. von Intuition zu Rationalität), sondern diese auch gleichzeitig anwenden zu können (Gilbert, 2006). Dazu müssen die mentalen Modelle („frames", „cognitive maps" (Bronn und Bronn, 2002)), in den Köpfen der Personen flexibel sein. Diese mentalen Modelle lenken, wie und welche Informationen wahrgenommen werden (Activation), wie diese interpretiert werden (Assessment) und wie daraus gelernt wird (Action) (Barr et al., 1992). Damit wird die Wichtigkeit des Lernens für einen erfolgreichen Strategischen Frühaufklärungsprozess bestätigt. Lernen beinhaltet das Bewusstmachen der vorliegenden mentalen Modelle und der Möglichkeit, diese zu ändern (Eisenhardt und Martin, 2000). Eine Möglichkeit, bestehende Modelle zu hinterfragen ist es, Personen aus anderen Bereichen des Unternehmens oder der Umwelt (Personen, die andere mentale Modelle benutzen) zu Rate zu ziehen.

Erhöhen Sie Ihre Flexibilität durch den Aufbau dynamischer Kompetenz! Fördern Sie die stellenübergreifende Kommunikation!

5.2 Assessment-Phase

Die zweite Phase des SFA-Prozesses umfasst Bewertungs- und Interpretationsvorgänge. Die Interpretation von wahrgenommenen Signalen und Themenbereichen basiert auf den jeweiligen Erfahrungen der Interpretierenden. Je nach Fachgebiet, Alter und Unternehmenszugehörigkeit werden die Themen anders benannt und gedeutet. Themen wie Sensibilität und Verständnis für Ursache-Wirkungs-Zusammenhänge nehmen in der zweiten Phase einen hohen Stellenwert ein und können den Verlauf des SFA-Prozesses maßgeblich beeinflussen.

In der Literatur finden sich zwei Strömungen: die intuitive (oder automatische) **„strategic issue diagnosis"** (SID) und die rationale (aktive) **„strategic issue analysis"** (SIA) (Dutton, 1993). Die beiden Strömungen unterscheiden sich im Ausmaß der Informationsverarbeitungskapazität.

5.2.1 Ausprägung IA2

Die intuitive Ausrichtung benötigt wenig Verarbeitungskapazitäten. Sie ermöglicht es, kurze, wirksame und ressourcenschonende Rezepte anzuwenden. Hilfreich sind Kategorisierungen. Bereits bestehende Kategorien aus der Vergangenheit werden – wie ein Rezept – zur Diagnose eines neuen schwachen Signals herangezogen (vgl. **Tabelle 5.4**).

Tabelle 5.4:	IA2-SWOT
STÄRKEN	– schnelle, wirksame und ressourcenschonende Rezepte – Unterstützung durch Erfahrungen
SCHWÄCHEN	– fehlerhafte Klassifizierungen, kognitive Landkarten und Rezepte – Interpretationsfehler aufgrund von Gewohnheiten und Erfahrungen (z. B. Diskontierung – zeitlich nahe Signale werden zeitlich entfernteren vorgezogen, Matching – neuartige Signale werden vernachlässigt ...) – unreflektierte Bewertung – geringe Ressourcenbasis
CHANCEN	– neue Sichtweisen (wenn berücksichtigt) führen zu neuen Bewertungen und Lösungswegen – Innovationsvorsprung durch schnelle Interpretation und Überleitung in die A3 Phase
RISIKEN	– subjektive Vorerfahrungen führen zu Fehleinschätzungen und damit unter Umständen zu Entwicklungsflops – Übersehen von Gefahren, Bedrohungen und Möglichkeiten durch Routine und Ignoranz – mangelnde Lernchancen

5.2.2 Ausprägung RA2

Die rationale Ausprägung richtet sich auf eine bewusste, intendierte und aufwändigere Informationssuche und -analyse (vgl. **Tabelle 5.5**).[57] Ein Prozessbeispiel der Ausprägung RA2 findet sich in der folgenden Übungsbox.

> ÜBUNG BEWUSSTES BEWERTEN:
>
> Diese Übung soll den Vorgang eines bewussten Bewertens verdeutlichen. Sie kann gut bei einem wahrgenommenen Signal durchgeführt werden. Man bewertet das Signal anhand der beiden Dimensionen „feasibility" (Umsetzbarkeit) und „urgency" (Dringlichkeit) (Julian und Ofori-Dankwa, 2008). Die Umsetzbarkeit beschäftigt sich mit dem Verstehen von Zusammenhängen, Alternativen und den Mitteln, um erfolgreiche Antwortreaktionen zu initiieren.

---

[57] Julian und Ofori-Dankwa (2008) unterscheiden zwischen dem intuitiven **T-O-Ansatz** („threat-opportunity-approach") und dem analytischen **F-U-Ansatz** („feasibility-urgency-approach"). Der T-O-Ansatz basiert – ähnlich wie die SID – auf der sozialen Kategorisierungstheorie. Er zeichnet sich durch ein automatisches und affektives Vorgehen aus. Der F-U-Ansatz basiert auf der sozialen Konstruktionstheorie und hat aktive und bewusste Charakteristika. Weitere Ausführungen finden sich bei Lasinger (2010a).

Abbildung 5.2: Umsetzbarkeits-Matrix

	Verständnis	
WAHRNEHMUNG	NIEDRIG	HOCH
Fähigkeit NIEDRIG	(I) ohnmächtig	(II) (bewusst) unfähig
Fähigkeit HOCH	(III) arrogant/naiv	(IV) angetrieben

Die Umsetzbarkeit bezeichnet, inwieweit die Entscheider die Mittel zur Behandlung des schwachen Signals herausfinden und die Einschätzung, ob die Mittel zur Behandlung zugänglich und verfügbar sind (**Abbildung 5.2**). Die Dringlichkeit hingegen bestimmt, wie schnell eine Antwortreaktion benötigt wird. Sie entsteht z. B. durch die Forderungen der Stakeholder. Spannt man die beiden Dimensionen in einer Matrix auf, dann ergibt sich das Bild in **Abbildung 5.3**.

Wo stehen Sie (Ihr Unternehmen) in der Umsetzbarkeits-Matrix? Greifen Sie ein aktuelles Signal (Thema) auf und stellen Sie sich folgende Fragen[58]:

– Befassen wir uns bewusst mit möglichen Antwortreaktionen (horizontale Dimension)?

– Wissen wir, wie wir mit dem schwachen Signal umgehen können/sollen (horizontale Dimension)?

– Welche Ressourcen sind für den Umgang nötig? Sind diese zugänglich (vertikale Dimension)?

Tragen Sie die Werte in die **Abbildung 5.2** ein.

---

[58] Die Antwort „Nein" auf die folgenden Fragen lässt sich der Dimension NIEDRIG in der **Abbildung 5.2** zuordnen, „Ja" entspricht HOCH.

- Zelle I: Sie wissen weder um die Mittel, um das schwache Signal zu behandeln, noch sind diese vorhanden. Das schwache Signal kann nicht genutzt werden und wird eher als Bedrohung interpretiert.
- Zelle II: Sie wissen, wie das schwache Signal behandelt werden kann, verfügen allerdings nicht über die notwendigen Ressourcen und Möglichkeiten.
- Zelle III: Die nötigen Ressourcen sind zwar vorhanden, aber nicht das Wissen, wie das schwache Signal behandelt werden soll. Auch in dieser Situation können Sie nicht handeln und interpretieren das Signal als ungewiss und unklar.
- Zelle IV: In diesem Kontext wird das Signal als umsetzbar angesehen – und daher als Chance.

Zur Bewertung der Dringlichkeit sollte man folgende Fragen stellen:
- Wie hoch ist der Zeitdruck (Fristen, Endtermine)?
- Wie sichtbar ist die Veränderung für die Öffentlichkeit?

Beide Dimensionen Umsetzbarkeit und Dringlichkeit zusammengefasst ergeben das Ausmaß, mit dem sich Unternehmen mit Veränderungen auseinandersetzen (von keiner Reaktion in Zelle I oder minimaler Reaktion in Zelle III (Abfindung) bis situativ (Zelle II) und radikal in Zelle IV, **Abbildung 5.3**).

Abbildung 5.3: Umsetzbarkeits-Dringlichkeits-Matrix

BEWERTUNG	Umsetzbarkeit	
	NIEDRIG	HOCH
Dringlichkeit NIEDRIG	(I) NICHTSTUN Irrelevanz	(II) SITUATIVES VORGEHEN potenzielle Möglichkeit
Dringlichkeit HOCH	(III) ABFINDUNG Gefahr, Bedrohung	(IV) SCHNELLE REAKTION Chance

Tabelle 5.5: RA2-SWOT

STÄRKEN	– bewusste Auseinandersetzung mit dem Signal – breite Bewertungsbasis (Vielzahl an Informationen und -quellen) – bei bestehenden bewährten Prozeduren erhöhte Schnelligkeit und Erfolgschance – Sicherheit durch Transparenz und Nachvollziehbarkeit – einfachere Kommunizierbarkeit durch Methodik und Dokumentation (Gewinnung von Promotoren)
SCHWÄCHEN	– komplexes Interpretationsverfahren (Zeit- und Arbeitsaufwand) – aufwändige zusätzliche Informationssuche – Methodengläubigkeit und damit Fehlinterpretation bzw. Übersehen wichtiger Aspekte
CHANCEN	– höhere Realisierungsrate von Innovationen durch bewährte Bewertungsprozeduren und -schemata
RISIKEN	– vergebene Chancen durch unpassend bewertete Signale – Fehlentwicklungen aufgrund falscher Bewertungen – Manipulation

5.2.3 Ausprägung KA2

Es gibt Unternehmenskontexte, in denen sowohl intuitive als auch rationale Bewertungen von Signalen vorgenommen werden (vgl. **Tabelle 5.6**).

Tabelle 5.6: KA2-SWOT

STÄRKEN	– Ausgleich der Schwächen der beiden Extremausprägungen Intuition/Rationalität
SCHWÄCHEN	– Verzettelung, Verunsicherung und damit Verzögerungen – Addition der Schwächen beider Extremausprägungen – hoher Aufwand, Überforderung
CHANCEN	– bei ausreichender Sensibilität und geeigneter situativer Wahl zwischen innovativ und rational können die Möglichkeiten der beiden Extremausprägungen genutzt werden (Synergieeffekt)
RISIKEN	– Verzögerte und falsche Signalbewertung

5.2.4 Tipps für die Assessment-Phase

5.2.4.1 Positive Benennung des schwachen Signals

Die Art der Benennung eines schwachen Signals als Chance oder Bedrohung ist für die weiteren Aktionen und das Ausmaß an Mobilisation ausschlaggebend (Chattopadhyay et al., 2001; Staw et al., 1981). Liebl (1991) zeigt die damit verbundenen Unterschiede bei der Informationssuche, den Alternativreaktionen, den personellen Kompetenzen und den Ressourcenzuweisungen auf. Staw et al. (1981) untersuchte die Wirkung des Gefahrenarguments auf die Aktionen des Unternehmens, der Individuen und der Gruppen. Sie sind durchgehend negativ belegt (Angst vor Machtverschiebung bzw. Machtverlust, Einengung der Informationsflüsse, Verminderung von Flexibilität). Geht man davon aus, dass Chancen die gegenteiligen Verhaltensweisen bewirken, so führen die Benennungen („labeling") (Thomas et al., 1993) schwacher Signale als Chancen zu positiven Reaktionen: steigendes kooperatives Verhalten, Informationsstreuung (Mitteilung von Informationen) und Erhöhung der Flexibilität. Deshalb sollten für Innovationsvorhaben die Signale positiv belegt werden und als Chancen benannt werden[59].

> Achten Sie auf die Benennung der schwachen Signale! Benennen Sie die wahrgenommenen schwachen Signale positiv! Verwenden Sie die Begriffe „Möglichkeiten, Chancen, Optionen"! Vermeiden Sie Begriffe wie „Gefahren, Bedrohungen, Probleme, Krisen"!

5.2.4.2 Flexible Checklisten

Checklisten stellen eine gute Möglichkeit dar, mit wenigen Ressourcen den zweiten Schritt der SFA (Assessment) erfolgreich zu gestalten. Ihr Einsatz ist einfach und erfolgt schnell.

Sie können ohne großen Aufwand unternehmensspezifisch erstellt und angepasst werden. Checklisten sind gute Hilfsmittel zur Unterstützung der Interpretationarbeit, mit der die SFA-Prozesse auf eine objektivere Basis gestellt werden können (Sánchez und Pérez, 2004). Beispiele für Checklisten finden Sie z. B. in Kapitel 4.5.

> Setzen Sie flexible Checklisten in der Phase Assessment ein!

5.3 Action-Phase

In der dritten SFA-Phase stehen die Lernprozesse im Mittelpunkt. Lernen wird in der Literatur unterschiedlich definiert, z. B. als Aneignung von Wissen, als Informationsverbreitung oder als Interpretation von Informationen (Huber, 1991). Es umfasst grundsätzlich

---

[59] Manager beschreiben Signale (Anzeichen von Veränderungen) oftmals als Probleme und selten als Chancen oder Möglichkeiten. Jackson und Dutton (1988) fassen dies unter dem Begriff „Bedrohungsneigung" („threat bias") zusammen. Ein Weg, Manager vermehrt auf Chancen aufmerksam zu machen, ist die richtige Wortwahl (z. B. Gewinnchance, Chancenpotenzial, Handlungsspielraum).

das Aneignen von Neuem („exploration") sowie die Anwendung des Gelernten („exploitation") (Crossan et al., 1999). Werden Chancen wahrgenommen und genutzt, entsteht daraus z. B. eine Produktinnovation, d. h. etwas Neues. Wird aus dieser Produktinnovation gelernt, z. B. aus Fehlern oder aus der Wahrnehmung von förderlichen Faktoren, so ist die zweite Ausgestaltung von Lernen angesprochen. Beide Arten treten im SFA-Prozess auf.

Lernen passiert auch in den Prozessphasen A1 und A2. Es wird jedoch angenommen, dass erst das Durchleben dieser Prozessphasen das auf die SFA bezogene Lernen ermöglicht.

Es gibt zwei Arten von Wissen (implizites und explizites) und verschiedene Arten, dieses zu vermitteln bzw. zu lernen (Nonaka, 1991; Nonaka und Takeuchi, 1997; Steinmann und Schreyögg, 2000), sei es durch das Studium von Dokumenten oder das eigene Erleben („learning-by-doing"). Lernen wird oft als bewusster und analytischer Prozess (explizites Lernen) oder als unbewusster Prozess (implizites Wissen) verstanden. Das Resultat des Lernens muss nicht unmittelbar eine neue Verhaltensweise sein, sondern kann auch nur zu neuen Einsichten führen.

5.3.1 Ausprägung IA3

Nicht nur bei der Suche und Interpretation von Signalen, sondern auch bei den damit verbundenen Lernprozessen gibt es die Möglichkeit des intuitiven Vorgehens. Diese besitzt wiederum bestimmte Stärken und Möglichkeiten, aber auch Schwächen und Risiken (vgl. **Tabelle 5.7**).

Tabelle 5.7: IA3-SWOT

STÄRKEN	– spontan, schnell, „einfach" – „kostet nichts"
SCHWÄCHEN	– zufällig, damit unabsehbar, unberechenbar, unkalkulierbar – nicht nachvollziehbar – und damit nicht kommunizierbar (organisationales Lernen unmöglich) – nicht planbar
CHANCEN	– neue, unerwartete Einsichten – neue, unerwartete Verhaltensweisen
RISIKEN	– gemeinsame geplante Entwicklung findet nicht oder nur zufällig statt – damit werden Lernchancen vergeben

5.3.2 Ausprägung RA3

Bei der rationalen Ausprägung der Lernprozesse erfolgt die bewusste Nutzung zahlreicher Methoden und Werkzeuge (vgl. **Tabelle 5.8**).

Tabelle 5.8: RA3-SWOT

STÄRKEN	– geplantes, strukturiertes, systematisches Lernen – teilweise automatisiertes Lernen (z. B. e-learning) – gibt Sicherheit
SCHWÄCHEN	– aufwändig, mühsam, bürokratisch, formalistisch
CHANCEN	– Schwächen können gezielt behoben werden, Stärken gefördert – Wissensmanagement kann aufgebaut werden – organisationales Lernen wird ermöglicht – vor allem jüngere, unerfahrene, neue Mitarbeiter profitieren
RISIKEN	– Demotivation, Unlust verhindern weiteres Lernen und Innovationen – Manipulation

5.3.3 Ausprägung KA3

Die Kombination impliziten und expliziten Lernens in Unternehmen ist ein herausfordernder Prozess (vgl. **Tabelle 5.9**).

Tabelle 5.9: KA3-SWOT

STÄRKEN	– Ausgleich der Schwächen der beiden Extremausprägungen Intuition/Rationalität
SCHWÄCHEN	– Verzettelung, Verunsicherung und damit Verzögerungen – Addition der Schwächen beider Extremausprägungen – hoher Aufwand, Überforderung
CHANCEN	– bei ausreichender Sensibilität und geeigneter situativer Wahl zwischen innovativ und rational können die Möglichkeiten der beiden Extremausprägungen genutzt werden (Synergieeffekt)
RISIKEN	– sinkende Lerntätigkeit – Frustration

5.3.4 Tipps für die Action-Phase

5.3.4.1 Paradigmenwechsel und Partizipation

Soll Frühaufklärung in Unternehmen bewusst betrieben werden, so sind ein Methoden- und Verhaltenswechsel und die Sensibilisierung des Top-Managements unabdingbar. Diese Veränderung (Transformation) führt zu Widerständen und Konflikten.

Als Ausweg schlägt Müller (1981) ein „interessenspluralistisches und sozial differenziertes" Frühaufklärungssystem vor. Dies bedeutet Platz für verschiedene Interpretationen, Interessen und Sprachen. Das System sollte kontinuierlich kritisch hinterfragt werden. Strategische Frühaufklärung bestimmt sich durch Partizipation, definiert sich als ein System mit vielen Beteiligten, die sich über einen längeren Zeitraum einem Denkprozess verschreiben. An die Stelle statistischer Daten treten „soft facts".

Erhöhen Sie die Partizipation im SFA-Prozess! Geben Sie neben „harten Fakten" auch „weichen Faktoren" (qualitativen Größen) Platz! Fördern Sie Kommunikation und Reflexion!

5.3.4.2 Meinungsvielfalt fördern, Dilemmata erkennen und Balance erreichen

Abbildung 5.4: Dilemma Verkauf – Produktion

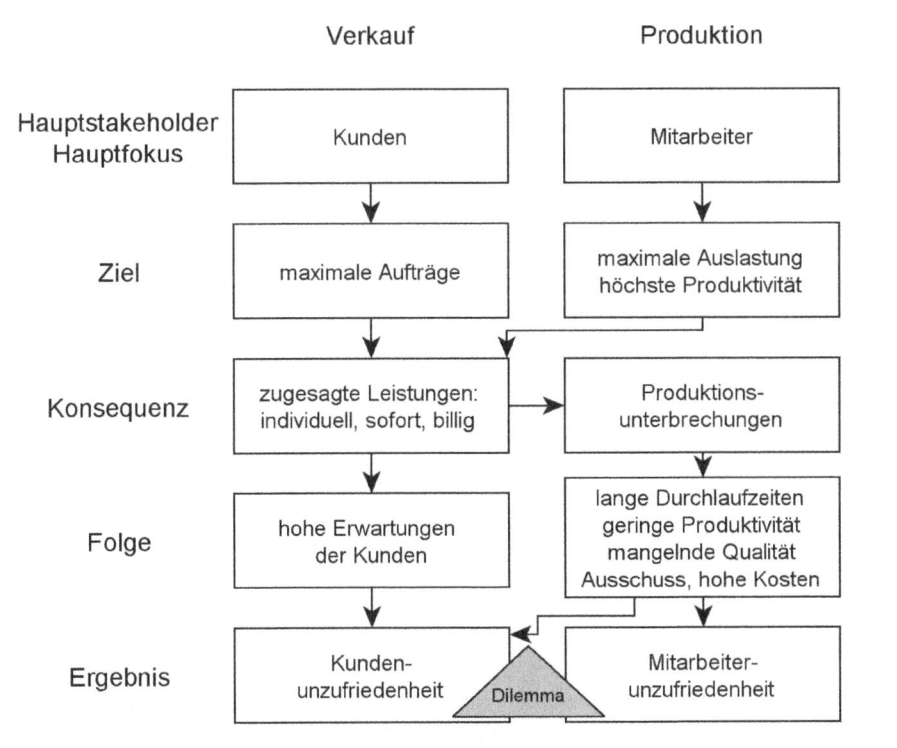

Lernen und organisationales Lernen verstärkt sich bei Vorliegen vieler Interpretationen[60], wenn diese in einem gemeinsamen Kommunikationsprozess verbunden werden können (Huber, 1991). Dies unterstützt die Ausformung von Gruppen, ihre heterogene Ausgestaltung und die Hinzunahme neuer Mitarbeiter in den SFA-Prozess. Auch die Verknüpfung von Abteilungen, die funktional gegensätzliche Ziele haben, wie z. B. Verkauf und Technik, führen – aufgrund dieses „programmierten Konflikts" – zu Diskussionen und (bei geeigneter Kommunikation) zu fruchtbaren Reflexionen (Miller et al., 2002). Zwei klassische Beispiele mögen diese programmierten Konfliktsituationen beleuchten (**Abbildungen 5.4 und 5.5**).

Abbildung 5.5: Dilemma Linienmanagement - Projektmanagement

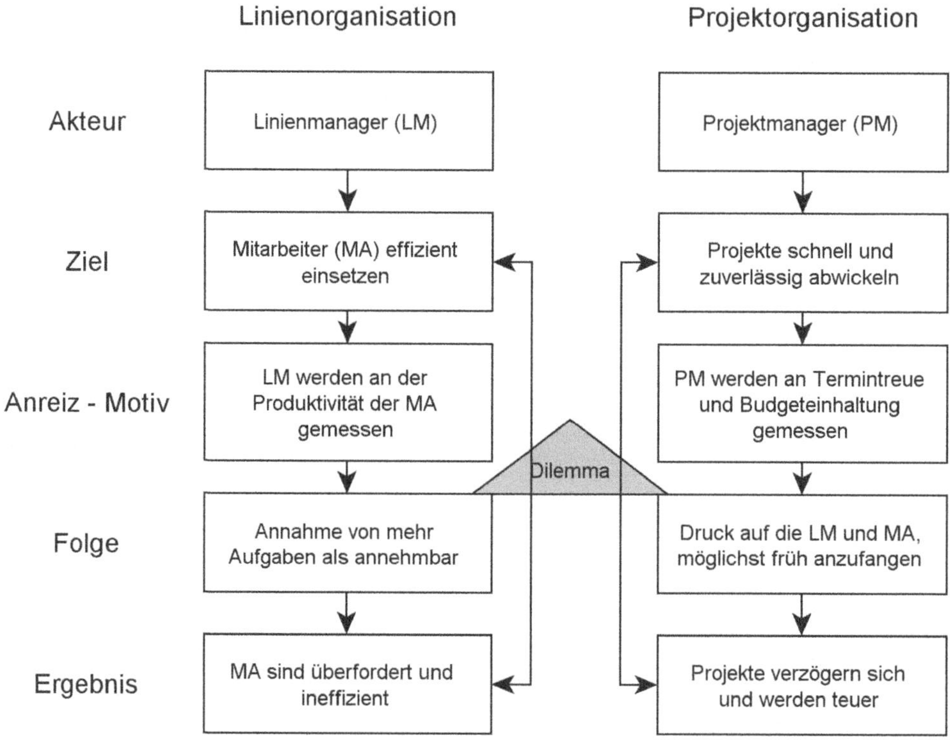

	Linienorganisation	Projektorganisation
Akteur	Linienmanager (LM)	Projektmanager (PM)
Ziel	Mitarbeiter (MA) effizient einsetzen	Projekte schnell und zuverlässig abwickeln
Anreiz - Motiv	LM werden an der Produktivität der MA gemessen	PM werden an Termintreue und Budgeteinhaltung gemessen
Folge	Annahme von mehr Aufgaben als annehmbar	Druck auf die LM und MA, möglichst früh anzufangen
Ergebnis	MA sind überfordert und ineffizient	Projekte verzögern sich und werden teuer

(Dilemma zwischen Ziel-Ebenen markiert)

Diese konfliktären Situationen sollten konstruktiv bearbeitet werden. Den Spannungszustand aufzulösen würde bedeuten, das System (die Organisation) aufzulösen! Es geht also darum, die widersprüchlichen Zielsetzungen zu akzeptieren und anzuerkennen, sich

---

[60] Viele Interpretationen ermöglichen eine größere Bandbreite an Verhaltensweisen.

mit der prinzipiellen Unauflösbarkeit abzufinden und die Spannung auf einem Niveau zu halten, das die Beteiligten „bei Laune" hält, sie also andauernd motiviert, ausreichende Leistungen in ihrem Handlungsraum zu erbringen.

Kritische Mitarbeiter, die durch von der Unternehmensnorm abweichende Interpretationen auffallen und die existierende und neu auftauchende Dilemmata benennen, sind für den Prozess der SFA unabkömmlich. Sie benötigen jedoch offene Personen (vor allem Führungskräfte), die andere Interpretationen hören und zulassen, die fähig sind, kritisch zu reflektieren, Getanes zu überdenken und – wenn nötig – auch zu überarbeiten. Kommunikation ist die zentrale Kompetenz.[61]

> Fördern Sie die Meinungsvielfalt im Unternehmen!
>
> Kommunizieren Sie offen!
>
> Betreiben Sie Überzeugungsarbeit!
>
> Schätzen Sie Diskrepanzen, Reibungsflächen, unterschiedliche Sichtweisen und „Nein"-Sager!

5.3.4.3 Das Lernen lernen

Müller (1981) sieht den Beitrag der Strategischen Frühaufklärung darin, bewährte und festgefahrende Strukturen, Denk- und Werthaltungen zu hinterfragen und neuartige Wahrnehmungsinstrumente bereitzustellen. Dabei ist die Strategische Frühaufklärung nicht nur als Spielplatz neuartiger Methoden oder als Systemausrichtung zu verstehen, sondern als Denkhaltung und Verhaltensweise (vgl. Weigand und Buchner, 2000). Diese „Frühaufklärungsphilosophie" (Wiedmann, 1984, S. 46) stellt eine Abkehr von kausalen und stabilen Umwelt-Unternehmens-Beziehungen dar. Grundziel ist es, der Nicht-Prognostizierbarkeit der Zukunft zu begegnen und somit den Sinn und das Bestehen einer Strategischen Frühaufklärung zu sichern. Unternehmen können ihre Entwicklungen frei wählen und damit ihre Zukunft beeinflussen, allerdings nicht beherrschen. Gefordert werden die Abkehr vom Glauben der totalen Vohersehbarkeit und der unbeschränkten Gestaltbarkeit der Umwelt, die kritische Reflexion bestehender Paradigmen und die Hinwendung auf Diskontinuitäten und schwache Signale (Wiedmann, 1984). Hauptaufgabe der Strategischen Frühaufklärung ist es somit, das Management sowohl gedanklich als auch methodisch zu unterstützen und zu sensibilisieren (Krystek und Müller-Stewens, 1993). Das Wort „Aufklärung" im Begriff der SFA bestärkt diese Sicht.

Geht man davon aus, dass Umwelten nicht objektiv bestehen, sondern subjektiv wahrgenommen – und damit gestaltet – werden, so reicht die klassische Umweltanalyse heute nicht mehr aus, um passend auf Veränderungen zu reagieren (Seidl, 2004). Entscheidungsträger erkennen und handeln immer im Hinblick auf ihr Weltverständnis. D. h., sie nehmen nur solche Signale wahr, die sie für relevant erachten und die in ihre Konzepte passen.

---

[61] Der Prozess des Überzeugens gewinnt an Bedeutung. Dabei geht es darum, die erfassten schwachen Signale geeignet an die relevanten Unternehmensstellen (mit Entscheidungskompetenz) zu verkaufen.

Hinterfragen Sie die (individuellen) Weltbilder und reflektieren Sie kritisch (de Brabandere, 2005)

- Seien Sie aufmerksam für „minor defects". „Minor defects" liegen vor, wenn z. B. Kunden beginnen, über ein Produkt zu klagen!
- Beachten Sie Dissonanzen, die eine mögliche Wendung voraussagen können!
- Berücksichtigen Sie Individuen und deren Spürsinn (oftmals Innovatoren)!
- Seien Sie ausdauernd, diszipliniert und gelassen, vor allem in Situationen, in denen z. B. eine brilliante Idee beginnt, etwas von ihrem Glanz zu verlieren (Management von „boredom")!
- Seien Sie kritisch gegenüber totaler Stabilität: Wenn nichts passiert und keine schwachen Signale erkennbar sind, sollte dies bereits ein schwaches Signal darstellen!
- Beziehen Sie unternehmensexterne Personen ein!
- Involvieren Sie „konstruktive Nein-Sager" („wild men" – besonders erfinderische, einfallsreiche, fantasievolle Querdenker)! Sie zeigen neue Denkrichtungen auf.
- Gestalten Sie den Unternehmenskontext (Struktur, Regeln – und schließlich Kultur) so, dass unterschiedliche Meinungen zugelassen werden und ein Hinterfragen möglich wird!

Die Arbeit am Bewusstsein und der Sensibilisierung für mögliche Diskontinuitäten und schwache Signale ist vorrangig. Denn ein wesentlicher Grund, weshalb Menschen und Unternehmen Veränderungen nicht vorhersehen oder nicht einmal darauf reagieren, ist der, dass der Wandel kontinuierlich, schleichend vor sich geht und damit keine Unterschiede bemerkbar werden. So werden Warnsignale nicht erkannt oder als unbedeutend abgetan. Damit schwache Signale also besser erkannt werden, sollten geteilte Selbstverständlichkeiten vermieden werden.

5.3.4.4 Absorptionskompetenz („absorptive capacity")[62]

Absorptionskompetenz ist eine gelebte Stärke und eine Form des Lernvorgangs, die sich vom Prozess „learning-by-doing" unterscheidet (Cohen und Levinthal, 1989). „Learning-by-doing" stellt einen automatischen Prozess dar. Absorptionskompetenz hingegen ist die bewusste Aufnahme von externem Wissen. Es ist die Kompetenz des Unternehmens, Wissen, das außerhalb der Organisation vorhanden ist, bezüglich des technischen und ökonomischen Potenzials für eine bestimmte Anwendungsdomäne zu prüfen, auf diese Situation zu übertragen und wirtschaftlich zu nutzen (Cohen und Levinthal, 1994). Diese Kompetenz ist für Innovationen wichtig.

---

[62] Vgl. Cohen und Levinthal, 1994; Julien et al., 2004; Cohen und Levinthal, 1990.

Ausgangspunkt für den Aufbau von Absorptionskompetenz sind Invidividuen und deren Wissen über z. B. neueste technologische Entwicklungen, ihre soziale Kompetenz, eine gemeinsame Sprache trotz unterschiedlicher Herkunft und Erfahrungen. Diese Grundbausteine ermöglichen es, neue Informationen wirksam in bereits gemachte Erfahrungen einzuarbeiten (Cohen und Levinthal, 1990). Die Personen nehmen dabei oft die Rolle von „boundary spanners" ein. Wichtig ist, dass Einzelaktivitäten auf eine möglichst große Gruppen (über die Unternehmensgrenzen hinweg) ausgeweitet werden, da damit das Wissen weiter differenziert und verbreitet werden kann. Haupterfolgsfaktor ist die überlappende Kommunikation, mit der eine gemeinsame Verständigungsbasis geschaffen wird.

> Überlegen Sie folgende Aktivitäten zum Aufbau von Absorptionskompetenz (Cohen und Levinthal (1994); Julien et al. (2004)):
> - Gestalten Sie geeignete und anspruchsvolle Trainings für Ihre Mitarbeiter!
> - Verstärken Sie Ihr Monitoring!
> - Ermutigen Sie zum Lesen von Journalen und Fachzeitschriften!
> - Forcieren Sie die direkte Involvierung des Unternehmens in F&E-Vorhaben!
> - Ermöglichen und fördern Sie den Aufbau loser, dynamischer Netzwerke!

5.3.4.5 Experimente

Neugierde, Offenheit, Risiko- und Experimentierfreude sind wesentliche Eigenschaften von Innovatoren. Aaron (2000) spricht sich gerade auch im Zusammenhang mit der SFA (und dem Signalmanagement) für die Durchführung von Experimenten aus. Sie ermöglichen es, bestehende Paradigmen zu hinterfragen und zu durchleuchten (Smircich und Stubbart, 1985). Fehler führen dazu, für die Zukunft zu lernen (Gilmore und Camillus, 1996). Flops gefährden nicht den Erfolg (Miller und Ireland, 2005).

> Experimentieren Sie! Lassen Sie sich dabei von Fehlschlägen nicht gleich irritieren! Auch diese haben ihren Wert. Fördern Sie das Lernen durch offene Strukturen und den toleranten Umgang mit Fehlern! Sehen Sie in Fehlern Chancen! Lernen soll dem Einzelnen Nutzen bringen.

5.4 Tipps für den SFA-Gesamtprozess

Es gibt eine Reihe von Anregungen, die nicht nur auf einzelne SFA-Phase bezogen sind. Diese werden nachfolgend dargestellt.

5.4.1 Balance schaffen zwischen Intuition und Rationalität

Intuition und Rationalität haben in allen drei Prozessschritten der SFA Bedeutung. Deren Ausprägung hängt jedoch von der Situation, den Innovatoren und den involvierten Personen ab. Komplexe Projekte benötigen mehr Standardisierung und rationaleres Vorgehen, kleinere Projekte mehr Flexibilität und Freiheit. Die Kombination beider Prozessarten hilft, Stärken und Schwächen der einzelnen Vorgehensweisen auszugleichen (vgl. z. B. Narchal et al., 1987).

Lehrer (2009, S. 330 f.) demonstriert am Beispiel der Flugsicherheit die Wichtigkeit der Ausgewogenheit zwischen intuitivem und rationalem Vorgehen: „Das richtige Zusammenspiel zwischen Bordcomputern und dem Piloten ist das ideale Modell der Entscheidungsfindung. Das rationale (der Pilot) und das emotionale Gehirn (der Rechner im Cockpit) wirken in einem vollkommenen Gleichgewicht zusammen, wobei sich jedes System auf die Aufgabenbereiche konzentriert, in denen es dem anderen überlegen ist. Fliegen ist trotz der Fehlbarkeit von Pilot und Autopilot deswegen so sicher, weil sich beide Systeme ständig gegenseitig überwachen."[63]

> Sorgen Sie im SFA-Prozess für eine Balance von Intuition und Rationalität! Aber achten Sie dabei auf die Kompetenzen im Unternehmen!

5.4.2 Intuition fördern

Rationale Prozesse bestätigen meist bestehendes Wissen und festgefahrene Prozeduren. Intuition ermöglicht Kreativität. Praktisch alle Studien und Untersuchungen richten sich an rationalen Modellen und Methoden aus. Intuition ist aber notwendig, vor allem bei komplexen und unstrukturierten Problemen. Sie wird sehr oft durch bestehende Strukturen (Regeln) behindert. Intuition wird nach Dane und Pratt (2004) ermöglicht, wenn

- Experten-Schemata und komplexe kognitive Frameworks angewendet werden. Sie führen zu einem effektiveren intuitiven Vorgehen.
- explizites und vor allem implizites Lernen gefördert werden.

Burke und Miller (1999) kommen zu der Einsicht, dass Intuition hauptsächlich durch Erfahrung, Wiederholung, Bildung und Training aufgebaut wird. Besondere Bedeutung gewinnen Vorbilder.

> Fördern Sie intuitives Vorgehen durch folgende Maßnahmen (vgl. Burke und Miller, 1999; Crossan und Sorrenti, 1997):

---

[63] Der „rationale" Pilot trifft seine Entscheidungen anhand von Checklisten, die „emotionalen" Rechner reagieren auf der Basis vieler (automatisierter) Gedanken.

- Achten Sie vermehrt auf den gesamten Prozess, nicht nur auf Einzelaspekte!
- Arbeiten Sie außerhalb der gewohnten Gebiete!
- Zweifeln Sie Entscheidungen an, wenn Sie das Gefühl haben, dass Zweifel angebracht ist!
- Reflektieren und hinterfragen Sie vergangene Prozesse und die Rolle von Intuition in diesen Prozessen!
- Wenden Sie andere Methoden und Werkzeuge als bisher an!
- Lassen Sie widersprüchliche Informationen und Meinungen zu (z. B. durch „devil's advocates")!
- Beobachten Sie andere! Wie und wann wird intuitiv gehandelt?
- Lesen Sie Bücher und Artikel über Intuition!
- Seien Sie risikofreudig und fürchten Sie nicht die Konsequenzen!
- Treffen Sie Entscheidungen, ohne alle nötigen Informationen zu haben!
- Wenden Sie Methoden wie Meditation, Mind-Mapping oder Protokolle an!
- Lassen Sie bei schwierigen Situationen Unsicherheit zu![64]
- Implementieren und fördern Sie Arbeitsaustauschprogramme, abteilungsübergreifende Projekte, Aus- und Weiterbildung (Trainingsprogramme)!
- Reflektieren Sie die Unternehmenskultur und deren Auswirkung auf den (Nicht) Einsatz von Intuition! Streben Sie eine innovationsfreundliche Ausrichtung der Unternehmenskultur an! Dies geschieht beispielsweise durch die Förderung und Unterstützung von Innovatoren/innen durch die Unternehmensführung (nicht nur bei Erfolgen, sondern auch bei Misserfolgen).
- Fördern Sie als Führungskraft intuitive Mitarbeiter! Dies ändert die Unternehmenskultur.
- Seien Sie Vorbild!

Folgende Strategien helfen, die Intuition zu fördern.

5.4.2.1 Freiraum schaffen

Bürokratie verhindert intuitive Prozesse. Intuition wird gefördert, wenn Freiraum eingeräumt wird und Ideen nicht gleich abgelehnt werden. Nonaka und Takeuchi (1997, S. 90) nennen diese Vorgehensweise „Autonomie schaffen". Damit entstehen neue Chan-

---

[64] Lehrer (2009, S. 315): „So merkwürdig es klingt, aus wissenschaftlicher Sicht gilt: Wir sollten über Dinge, die uns wichtig sind, weniger nachdenken und ganz unverkrampft Gefühle entscheiden lassen." Denn wir wissen mehr als wir denken. Und Gefühle sind das Ergebnis des Gehirns, das gelernt hat, Situationen blitzschnell zu erfassen (Lehrer, 2009, S. 318, 320).

cen bzw. werden sichtbar. Gleichzeitig wird die Motivation der Innovatoren gefördert und implizites Wissens aufgebaut. Der Erwerb, die Interpretation und Weitergabe von Wissen sollen möglichst flexibel gestaltet sein. Eine besonders wirksame Strukturform dafür sind selbstorganisierende Teams. Sie können viele Funktionen übernehmen, individuelle Perspektiven bündeln und die Ergebnisse wirksam auf höhere Entscheidungsebenen in den Organisationen tragen (Nonaka und Takeuchi, 1997).

> Geben Sie den Entscheidungsträgern Zeit!
>
> Fördern Sie Eigeninitiative und Selbstverantwortung!
>
> Unterstützen Sie sebstorganisierende Teams!

5.4.2.2 Fluktuation und kreatives Chaos

Durch Fluktuation (= Aufgabenwechsel) und kreatives Chaos (= Verhaltensweisen jenseits von tradierten Regeln und Routinen) werden die Wechselwirkungen zwischen Unternehmen und Umfeld angeregt. Sie führt zur Durchbrechung von Routinen und Gewohnheiten. „Job rotation" oder Austauschprogramme sind eine Möglichkeit, Fluktuation zu leben. Damit sind Neuorientierungen und Neuentwicklungen möglich. Kreatives Chaos wird gewollt herbeigeführt, um die Spannung zu erhöhen und die Personen zur Lösungsfindung anzuregen. Fluktuation kann kreatives Chaos (durch die Erfahrung an Schnittstellen) auslösen und somit das individuelle Engagement erhöhen.

> Unterstützen Sie den Wunsch der Mitarbeiter, andere Aufgaben im Unternehmen auszuführen („job rotation") sowie andere Methoden der Problemerkennung und -lösung auszuprobieren! Sehen Sie in Fehlern keine Probleme, sondern mögliche Chancen!

5.4.2.3 Redundanz und Vielfalt

Die Entwicklungen der letzten Jahrzehnte (Rationalisierung und Kosteneinsparungen – um jeden Preis) haben dazu geführt, dass in den Unternehmen heute kaum mehr Ressourcenreserven vorhanden sind. Doppel- und Mehrfacharbeiten (Redundanzen) wurden als unökonomisch eliminiert, Schnittstellen optimiert. Dies hat jedoch seinen Preis: Nicht nur, dass die Mitarbeiter zunehmend überfordert und isoliert werden, Frustration und Fehler (Nichtqualität) entstehen, auch das Lernen wird erschwert oder gar verunmöglicht. Kreative Leistungen können in derartig optimierten Systemen nicht mehr erbracht werden. Das Überschneiden von Arbeit und Informationen (Redundanz) ermöglicht den Austausch impliziten Wissens. Informationsredundanz beschleunigt den Prozess der Wissensschaffung (Nonaka und Takeuchi, 1997). Durch die Informationsfülle hat jeder einen besseren Überblick über den Gesamtzustand und kann somit die Zusammenhänge besser verstehen. Um Überlastungen vorzubeugen, sind Installationen von Informations- oder Wissensspeichern heute technisch einfach möglich, zum Beispiel in elektronischer Form.

Unvorhergesehene Situationen können durch eine ausreichende Vielfalt an Meinungen zur Lösung besser bewältigt werden. Ein gleichberechtigter Zugang zu einer großen Bandbreite an Informationen sowie die flexible und schnelle Kombination von Informationen ermöglichen diese Vielfalt[65].

> Schaffen Sie Redundanz in der Arbeit und in den Informationen! Die elektronischen Möglichkeiten unterstützen Sie heute wirksam dabei. Machen Sie Schnittstellen zu Nahtstellen!

5.4.2.4 Wissensmanagement

Damit organisationales Lernen geschehen kann, ist Wissensmanagement notwendig. Dabei wird die Aufnahme und Bildung neuen Wissens mit Methoden der Verteilung und Verfügbarmachung von Wissen verknüpft (Steinmann und Schreyögg, 2002). Zu Wissensmanagement zählen der Wissenserwerb, die Wissenssystematisierung, -speicherung, -kontrolle, -bereitstellung und -nutzung. In der Literatur findet sich eine große Anzahl an Instrumenten für das Wissensmanagement. Hierunter zählen beispielsweise (Lucko und Trauner, 2002; Pawlowsky und R., 2002; Schimmel, 2002):

- Diskussionsforen
- Informationsräume oder Kaffeeecken
- Interne und externe Weiterbildungen
- „job rotation"
- Internet/Intranet
- „leassons learned" nach Projekten
- Wissenskarten zur Offenlegung
- Anordnung und Strukturierung von Wissen
- Nutzung von Netzwerken
- Projektdatenbanken
- „Story telling"

> Bauen Sie ein Klima im Unternehmen auf, das auf Vertrauen basiert! Dann (und nur dann) wird Wissensmanagement – und damit organisationales Lernen – möglich. Setzen Sie Wissensmanagementmethoden ein!

---

[65] Dieser Pluralismus kann sich bei Übertreibung auch negativ auswirken, z. B. in erhöhtem Konfliktpotenzial, Ressourcenengpässen, störenden Redundanzen, struktureller Komplexität, Kommunikationsblockaden, einer größeren Aufsplitterung der Kompetenzen im Unternehmen (Chan, 1979).

5.4.3 Die Bedeutung der Schnittstellen

Strategische Frühaufklärung hat oft an den Schnittstellen der Organisation ihren Ausgangspunkt. Hier agieren besonders Innovatoren, die eben an diesen Positionen häufig mit neuen Personen, Informationen, Meinungen oder Bedürfnissen zusammentreffen. Für Unternehmen ist es wichtig, über diese Schnittstellen zu kommunizieren, denn hier treten am häufigsten Ideen und schwache Signale auf. Damit werden Veränderungen, Trends oder Diskontinuitäten am ehesten sichtbar. Informale Kommunikation bestärkt den Prozess. Allerdings gibt es an diesen Stellen erhöhtes Konfliktpotenzial, das dann nochmals duch Differenzen der Akteure (unterschiedliches Alter, unterschiedliche Ausbildungen, Erfahrungen, Geschlechter, kulturelle Hintergründe ...) an Schärfe gewinnt.

Schnittstellen können im SFA-Prozess positiv genutzt werden, durch

- vermehrte Zusammenarbeit.
- erhöhte Kommunikation.
- erfolgreiche Überzeugungsarbeit.

5.4.3.1 Zusammenarbeit

Die verschiedenen Ansichten und Interpretationen der Akteure haben häufig eine stark hemmende Wirkung auf die SFA-Prozesse. Unterschiedliche Interpretationen wirken besonders bedeutend. SFA-Prozesse sind umso erfolgreicher, je besser die verschiedenen Meinungen berücksichtigt werden und je weniger Einzelmeinungen dominieren.

Ziele der SFA-Prozesse sind das rechtzeitige Erkennen von Risiken (Gefahren, Bedrohungen) und Chancen (Möglichkeiten, Optionen) sowie die geeigneten und rechtzeitigen Reaktionen darauf. Verschiedene Wege können zu diesen Zielen führen. Diese hängen stark von den jeweiligen Situationen ab, in denen sich die Unternehmen befinden. Verschiedene Methoden können den Austausch zwischen unterschiedlichen Parteien verstärken.

> Fördern Sie die vermehrte Zusammenarbeit der Mitarbeiter im SFA-Prozess! Ziehen Sie nach Möglichkeit externe Partner hinzu! Verwenden Sie Kundenbesuche, Audits, Fokusgruppen, Marktuntersuchungen!

5.4.3.2 Reden, reden, reden

Kommunikation ist im SFA-Prozess wichtig, denn schwache Signale werden von Menschen unterschiedlich aufgefasst. Durch sie werden die verschiedenen individuellen und subjektiven Interpretationen der schwachen Signale diskutiert und hinterfragt. Es kommt zu einem besseren Verständnis und einer gemeinsamen Verpflichtung. Die Beteiligten setzen sich intensiver mit dem schwachen Signal auseinander, ohne auf komplexe Methoden zurückgreifen zu müssen. Sie nehmen schwache Signale und deren Wirkung besser wahr, wenn sie sich bewusst auf die Bedeutung und Faktoren der schwachen Signale besinnen. Ein Weg zur Verbesserung des Strategischen Frühaufklärungsprozesses ist, ein

Forum für Debatten zu schaffen und damit den regen Informationsaustausch zu garantieren (Müller, 1981).

> Fördern Sie den Informationsaustausch – er kann kaum ausreichend sein!
>
> Schaffen Sie Kommunikationsforen! Die technischen Möglichkeiten dazu sind heute sehr vielfältig.
>
> Trainieren Sie die Mitarbeiter in Kommunikation, Metakommunikation und Entscheidungsfindung!

5.4.3.3 Überzeugung

Der Prozess der Überzeugung wird häufig als „politischer Prozess" oder „issue selling" bezeichnet (Dutton et al., 1997). Dessen Inhalt umfasst eine Aktionsfolge zwischen gegensätzlichen Parteien. Verhandlungen und Diskussionen sind Methoden dieser Abläufe (Thomas et al., 1994). Divergierende Meinungen, Interessen, Haltungen, Ressourcenverteilungen, Machtverhältnisse und Interpretationen führen zu diesen Prozessen.

Überzeugungsprozesse gelingen vor allem dann, wenn die schwachen Signale oder die Ideen schnell und einfach erkärt werden können und die Vorteile klar für sich sprechen (vor allem in dem Sinne, dass sie den Betroffenen einen (persönlichen) Nutzen suggerieren). Die klare Sprache, Bilder (Metaphern) und Kommunikationsmethoden (z. B. Fragetechnik) und die rechtzeitige und ausreichende Einbeziehung des mittleren Managements helfen Innovatoren, die Signale und Ideen zu verkaufen. Folgende Faktoren beeinflussen (behindern oder fördern) die Überzeugungsprozesse:[66]

1. Einstellungen der zu Überzeugenden (z. B. die Zuhörbereitschaft der Unternehmensspitze, die Heterogenität des Top-Managements)

2. Unternehmenkontext (Unternehmenkultur)

3. Art, Inhalt und Komplexität des Themas

4. Stellung des Überzeugers im Unternehmen (z. B. Rang, Möglichkeit der Artikulation)

5. Unternehmensumfeld (z. B. Wettbewerber, Stakeholder)

Wie kann eine Person andere Unternehmensmitglieder „mit ins Boot holen" und somit ihre Idee besser verkaufen? Für Dutton und Ashford (1993) liegt eine Lösung in der Verpackung des Signals. Es ist entscheidend, wie ein schwaches Signal (sprachlich) präsentiert und kommuniziert wird. Je eher die Überzeugenden ein Signal effizient artikulieren können, umso erfolgreicher ist der Prozess.[67] Für die erfolgreiche Überzeugung gibt es Ge-

---

[66] Vgl. Dutton et al. (1997) und Maitlis und Lawrence (2007).

[67] Dutton et al. (2002, 1997) kommen zu dem Schluss, dass die Organisationskultur der Haupteinflussparameter für die Überzeugungsarbeit ist. Die Kultur ist jedoch kurzfristig nicht und auch langfristig nur schwer zu beeinflussen.

staltungsvorschläge (Dutton und Ashford, 1993; Dutton et al., 2001). So können Signale gezielt weitervermittelt werden (indem z. B. bestimmte unerfreuliche Aspekte vermieden oder verharmlost werden, positive Aspekte hervorgehoben werden etc.) (Woods, 1966).

Nutzen Sie folgende Methoden[68]:

- Verwenden Sie Metaphern, Geschichten und sprachliche Bilder. Damit können Sie das schwache Signal verständlicher mitteilen. Denn schwache Signale sind oft schwer verbal zu beschreiben.

- Preisen Sie das Signal als „strategisch" an, betonen Sie, dass das Thema Auswirkungen auf den langen Unternehmenserfolg hat!

- Bereiten Sie Ihr Thema in Charts und Bildern auf (Visualisierung)!

- Terminieren Sie Ihre Überzeugungsarbeit richtig! Andere Personen sollen zur richtigen Zeit miteinbezogen werden. Die Überzeugungsarbeit kann über längere Zeitspannen hinweg durchgeführt werden. Nutzen Sie regelmäßige Treffen!

- Stellen Sie das Signal emotional dar!

- Heben Sie positive Aspekte hervor, vermeiden Sie negative!

- Ziehen Sie zusätzliche, bekräftigende und neuartige Informationen hinzu!

- Bringen Sie Signale und Themen miteinander in Zusammenhang und verknüpfen Sie diese („issue bundling"). Damit wird eine größere Gruppe von Personen angesprochen.

- Bereiten Sie sich gut vor!

- Dokumentieren Sie ausreichend (z. B. durch Berichte, mit Agenda etc.)!

Elsbach (2003) geht davon aus, dass die Persönlichkeiten involvierter Personen den Ausschlag geben. Die Überbringer der schwachen Signale werden von den Zuhörern sofort automatisch stereotypisiert. Die Bewusstmachung dieser frühen Stereotypenbildung erhöht die Erfolgschancen. Darüber hinaus kristallisieren sich in der Literatur drei erfolgreiche Prototypen in Überzeugungsprozessen heraus: der „showrunner" (Personen, die Kreativität mit Produkt-Know-how verbinden und ein Gefühl dafür haben, welche Ideen dem Unternehmen Nutzen stiften), der „artist" (kreative Personen, die weniger Wissen und Selbstbewusstsein haben, allerdings ihre Zuhörer in imaginäre Welten versetzen können) und der „neophyte" (brillante und talentierte Personen, die sich als wissbegierige Lernende präsentieren). Diesen Typen stehen vier erfolglose gegenüber: der „pushover", der „robot", der „used-car salesman" und der „charity case".

---

[68] Vgl. Samra-Fredericks (2003); Miller und Ireland (2005); Dutton und Ashford (1993); Miller und Ireland (2005); Woods (1966); Mayer (2001); Dutton et al. (2001).

Daneben sollten die Überzeuger („issue seller") verfügen über:

- „relational knowledge", d. h. Wissen über die Individuen und die sozialen Beziehungen zwischen den Individuen, die überzeugt werden sollen. So können z. B. Befürworter und Gegner frühzeitig wahrgenommen und Strategien ausgearbeitet werden.
- „normative knowledge", d. h. Wissen über die akzeptierten und angemessenen Verhaltensweisen in einer bestimmten Organisationssituation. Dies umfasst z. B. die Wahl der Überzeugungsprozessart (formal oder informal)
- „strategic knowledge", d. h. das Wissen über Ziele, Pläne und Prioritäten der Organisation. (Dutton et al., 2001).

Erklären Sie Ideen zeitnahe, einfach, kompakt und klar!

Verwenden Sie bildliche Darstellungen! Erlauben Sie das Erzählen von Geschichten und den Einsatz von Bildern und Metaphern!

Sprechen Sie nach Möglichkeit bei Ihren Partnern alle fünf Sinne an!

Ermutigen Sie, dass Gefühle – und nicht nur Gedanken – geäußert werden!

5.4.4 Die Beteiligten im SFA-Prozess

In SFA-Prozessen sind sowohl die Experten, „issue entrepreneurs", Kunden, Lieferanten und Konkurrenten und die von den Innovationen betroffenen Personen (passiv Innovierende) als auch die Verteilung der Zuständigkeiten wichtig.

5.4.4.1 Experten

Interne und externe Experten sind wichtig, denn sie vereinen Analyse und Intuition und begründen ihre Aussagen mit Wissen, das durch langjährige Praxis entstanden ist. Daraus entstehen praktische Muster, welche in neuen Situationen ohne große Reflexion angewendet werden können. Extene Experten sind zudem nicht betriebsblind. Sie bringen andere Sichtweisen ein und finden auf diese Weise vollkommen neue Möglichkeiten. Sie können aber auch eingefahrene, inzwischen womöglich unnötige oder gar schädliche Prozeduren aufdecken. Damit verbunden sind auf der anderen Seite Konflikte. Diese entstehen dadurch, dass die gewohnten Abläufe und Verhaltensweisen in Frage gestellt werden. Die betroffenen ausführenden Personen befürchten in der Regel, dass sie Macht, Einfluss oder Ansehen verlieren. Eine Konsequenz daraus sind die Verneinung des Neuen, Verteidigung, Widerspruch oder Verzögerungen, welche wiederum die Innovatoren oder Experten provozieren. Prietula und Simon (1989) führen an, dass untenehmensinterne Experten oftmals in niedrigeren Hierarchiestufen zu finden sind und häufig operative Aktivitäten ausüben. Damit erhöhen diese Hierarchieunterschiede die Konfliktwahrscheinlichkeit, wenn Innovatoren und Experten auf unteren Ebenen bestehende Regeln, Abläufe und Anordnungen oberer Hierarchieebenen in Frage stellen.

Machen Sie Ihre Experten im Unternehmen ausfindig und binden Sie diese in die SFA-Prozesse ein!

Schauen Sie auf externe Experten!

Unterstützen Sie Experten in unteren Hierarchieebenen!

5.4.4.2 Signal-Entrepreneure („issue entrepreneurs")

Besondere Aufmerksamkeit im SFA-Prozess sollten Innovatoren („issue entrepreneurs") erhalten. Sie sind Personen, die entstehende Probleme und Krisen (aber auch Erfolge und Möglichkeiten) voraussehen und studieren. Diese Signal-Entrepreneure sind zu entwickeln und zu ermutigen (Nolan, 1985). Sie nehmen Dinge in die Hand, die andere erst gar nicht wahrnehmen oder die sie verdrängen oder verleugnen. Es sind also jene Personen, die schwache Signale am ehesten und schnellsten wahrnehmen.

Finden, nutzen und unterstützen Sie Signal-Entrepreneure (Saffo, 2007)

Lassen Sie andere Meinungen zu!

Beziehen Sie Erfahrungen anderer mit ein!

Blicken Sie sowohl in die Zukunft als auch in die Vergangenheit!

5.4.4.3 Verantwortungsverteilung

Im SFA-Prozess ist es wichtig, Aufgaben, Rollen und Verantwortungen richtig zuzuweisen bzw. zu verteilen (Hammer, 1992). Schon der erste Schritt der SFA, die Informationsaufnahme, hängt neben der Organisationsstruktur (den Regeln, Zuständigkeiten und den Prozessen) stark von den Organisationsmitgliedern, deren Ressourcen, Motivation, Wissen, den angewendeten Kreativitätstechniken, den Meinungen und Stimmungen, aber auch von ihrer Kommunikation ab (Simon, 1986).

Die Zuständigkeit der SFA-Aktivitäten teilen sich:

- „Innovationscoachs" (Innovatoren), welche schwache Signale aufspüren, diese evaluieren und die Entscheidungsträger alarmieren.

- Führungskräfte, welche die relative Wichtigkeit des schwachen Signals einschätzen, Prioritäten verteilen, Vorgehensweisen entwerfen, Ressourcen bereitstellen und Verantwortungen zuteilen.

- Mitarbeiter, die die schwachen Signale bearbeiten und damit Probleme und Aufgaben lösen.

Wichtige Fragestellungen ergeben sich somit bei der Arbeitsteilung, Zentralisierung/Dezentralisierung und Redundanzausgestaltung. Die geforderten Qualifikationen im gesamten SFA-Prozess sind hoch. Hauptsächlich spielt das strategische Bewusstsein eine Rolle (Müller, 1981).

Weiten Sie den SFA-Prozess auf alle Mitarbeiter im Unternehmen aus!

Unterstützen Sie die Innovationscoachs (Innovatoren)!

Koordinieren Sie die SFA-Aktivitäten (Prioritätenverteilung, Suche, Bewertung, Ressourcenbereitstellung, Überwachung, Förderung etc.)!

Leiten Sie die Mitarbeiter an, die in Innovationsvorhaben involviert sind!

5.4.4.4 Betroffene

In SFA- und Innovationsprozessen lassen sich – wie in allen Veränderungsvorhaben – folgende Gruppierungen erkennen. Sie sind zahlenmäßig normalverteilt, wie in der **Abbildung 5.6** dargestellt[69]:

Abbildung 5.6: Verhaltensweisen von Betroffenen in Veränderungsvorhaben

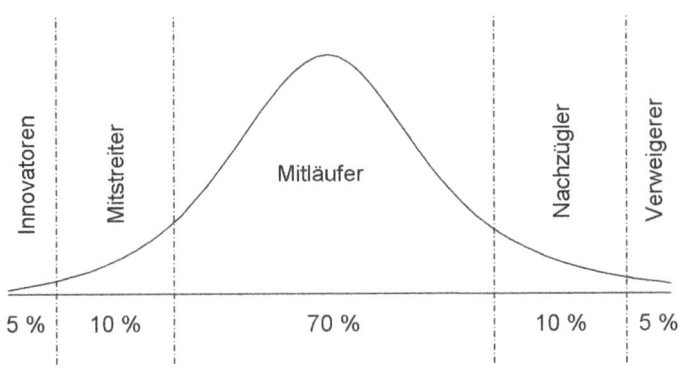

Ein kleiner Teil der Personen in den Unternehmen ist innovativ ausgerichtet und findet selbst neue Ideen und Chancen (Innovatoren, Kreative). Ein größerer Teil übernimmt von den Innovatoren rasch deren Ideen und setzt sich engagiert für die Erreichung der Ziele ein (Pioniere, Mitstreiter). Der Großteil der Mitarbeiter in den Unternehmen wartet ab, äußert Bedenken („Ja, aber ..."), verhält sich neutral und verrichtet die Arbeit nach Vorschrift (Mitläufer, Abwartende). Einen kleineren Teil bilden die Nachzügler (resistente Zögerer). Den Gegenpol zu den Innovatoren bildet eine geringe Zahl destruktiver Zerstörer (Ideenkiller, Verweigerer). Nachzügler und Zerstörer dürfen nicht mit „konstruktiven Nein-Sagern" (Kritiker) verwechselt werden, die – in den Bewertungsphasen und den darauffolgenden Umsetzungsprozessen – einen äußerst wertvollen Beitrag im Sinne von Risikomanagement leisten.

---

[69] Vgl. Lasinger – Erfahrungswert aus zahlreichen Transformationsprojekten (1990-2010).

> Erkennen Sie die „Mitspieler" in Ihrer Innovationssituation (Innovationsprojekt, Organisation)! Fördern Sie engagierte Einzelkämpfer!
>
> Organisieren Sie die Kreativen und die Pioniere, ermutigen und motivieren Sie die Mitläufer, ignorieren Sie die Nachzügler, isolieren oder entfernen Sie die Zerstörer!

Ist das Erkennen dieser fünf Gruppierungen noch einigermaßen einfach, so ist der richtige Umgang mit diesen keine leichte Aufgabe. Dieser beinhaltet viel Konfliktpotenzial, denn Ideen entstehen vor allem bei Mitarbeitern (nicht bei Managern) und überwiegend an den Unternehmensgrenzen, d. h. den Schnittstellen zur Außenwelt (nicht in den zentralen Stellen oder Spezialabteilungen, die eigentlich für Kreativität und Innovation eingerichtet werden) (Getz und Robinson, 2003).

5.4.4.5 Kunden, Lieferanten, Konkurrenten

Wertvolle Hilfe für den Start und das Vorantreiben von Innovationsprozessen bieten nicht nur interne/externe Experten (Wissenschafter, Berater) und Mitarbeiter, sondern auch Kunden, Lieferanten, Konkurrenten, aber auch Behörden und Non-Profit-Organisationen.

> Beteiligen und nutzen Sie das Potenzial Ihrer Kunden, Lieferanten und Konkurrenten! Nutzen Sie vorhandene und neue Netzwerke!

5.4.5 Die SFA-Organisation

Um Veränderungen geplant zu bewirken, ist es notwendig, die betreffenden Strukturen zu erkennen, zu beschreiben und zu analysieren. Strukturen haben Signalfunktion: Sie zeigen Absichten nach innen und nach außen. Die Strukturen beeinflussen die Innovationsfähigkeit von Unternehmen (Noda und Bower, 1996). Einfluss darauf haben die Ausformungen von Gruppen, Optionendatenbanken und Metafähigkeiten.

5.4.5.1 Flexible Gruppen

Gruppen erkennen Signale schneller, da sie über ein größeres Netzwerk verfügen als Einzelpersonen (Lauzen, 1995). Die Interpretation der Signale in Gruppen ist vorteilhaft, da viele (divergierende) Meinungen einbezogen werden können. Günstig für die SFA-Prozesse sind interdisziplinäre und dynamische Teams. Hier können Gruppenmitglieder unkompliziert in die Kerngruppe hinein und hinaus wechseln.

> Bauen Sie flexible Gruppen für die Beobachtungs- und Organisationstätigkeiten (in A1), aber auch die Interpretations- und Bewertungsarbeiten (in A2) auf!
>
> Fördern Sie die Auseinandersetzung erkannter Signale in wechselnden Kleingruppen, die sich barrierefrei vergrößern – auch über die Unternehmensgrenzen hinaus – sowie selbstständig wieder schrumpfen und sich auflösen können!

5.4.5.2 Optionendatenbank

Schwache Signale können als strategische Optionen im Sinne der „Option Theory" (Bowman und Hurry, 1993; Burger-Helmchen, 2007) verstanden werden. Optionen stellen dabei ein Vorzugsrecht auf eine Investmentmöglichkeit dar. Man erkennt daraus den Ursprung in der Finanztheorie. Investoren wenden bestimmte Beträge zum Kauf der Optionen auf und halten diese so lange (sogenannte „shadow options"), bis eine Chance sichtbar wird. Dann haben sie die Möglichkeit, diese Option für eine Chance zu nutzen, oder eben nicht.

Optionen in der Strategischen Frühaufklärung können „real options", also nicht-finanzielle Anlagen oder Wirtschaftsgüter sein, aber auch immaterielle Möglichkeiten, z. B. Ideen.

Die „option chain" (Burger-Helmchen, 2007), jener Prozess, der sich mit Optionen beschäftigt, beginnt bei der Wahrnehmung einer Chance („shadow option") durch einen Entrepreneur oder Innovator. Durch die Suche und Kombination von Ressourcen und Wissen entwickelt sich im günstigen Fall eine „real option", die durch Managemententscheidungen und -handlungen z. B. zur Produktion und zum Vertrieb eines neuen Produkts führt (Kompetenz).

Organisationen sind – übrigens wie Gruppen oder Einzelpersonen – erfolgreicher (und mächtiger), wenn sie ein Bündel an Optionen („shadow options" bzw. „Inventionen)" oder weiterentwickelte Optionen („real options" bzw. „Innovationen") haben.

Wesentlich dabei sind immer die richtigen Zeitpunkte. Unternehmen, die Innovationen vorentwickelt haben und heute noch nicht genau wissen, wo und wann sie diese einsetzen, ergreifen eine Chance im Fall des Falles (z. B. in einer Krise, bei einem Umbruch) schneller als unvorbereitete Marktteilnehmer. Wird diese „Vorratshaltung von Ideen" mit der Kompetenz des Lernens verknüpft, so wird ein Wettbewerbsvorteil geschaffen.

> Bauen Sie Optionen auf! Damit sind Sie im Fall des Falles gewappnet – und können schneller und sicherer als Ihr Mitbewerber Chancen ergreifen und neue Lösungen anbieten.

5.4.5.3 Metafähigkeiten

Um Innovationsleistungen zu erbringen, sind Kompetenzen nötig. Sie sind die Verknüpfung von Wissen und dessen Nutzung. Kernkompetenzen sind Fähigkeiten, die einzigartig sind und der Organisation nachhaltige Wettbewerbsvorteile garantieren. Für den SFA-Prozess sind besonders die Metafähigkeiten („meta capabilities") bedeutsam (Liedtka und Rosenblum, 1996). Dazu zählen z. B. Lernen, Kooperation oder Zusammenarbeit. Aller Erfolg beruht auf der Fähigkeit der Individuen innerhalb der Organisationen. Um diese Fähigkeiten für die Unternehmen zu nutzen, müssen diese in der Lage sein, systemisch zu denken, d. h. die Auswirkungen ihrer Entscheidungen über ihren eigentlichen Bereich hinaus – zumindest bis zu den Unternehmensgrenzen – abschätzen und bewerten zu können. Günstig für SFA-Prozesse ist es, wenn sie sich in diesem größeren System (Unternehmen) eingebettet wissen. Dann sind sie bei der Suche nach besseren Lösungen eher dazu bereit zu experimentieren – und damit Risiken einzugehen (Verantwortung zu übernehmen).

Dem stehen heute oftmals die (starren) hierarchischen Ansätze (der Unternehmensführung, der Strategieentwickung) mit ihren durchkontrollierten Planungs-, Budgetierungs- und Steuerungssystemen entgegen. Manager brauchen in der heutigen Situation schnelle Erfolge („quick wins" sind in aller Munde). Sie verlangen Klarheit, Eindeutigkeit, Berechen- und Kalkulierbarkeit und damit sichere Manipulierbarkeit der ihnen anvertrauten Systeme. Dies ist allerdings in einer vieldeutigen, verschwommenen, ungewissen Welt zunehmend eine Illusion. Systemisches Denken und Handeln sind gefragt (Vester, 2000; Simon, 2004, 2006). Zusammenhänge, Relationen, Beziehungen – und Unterschiede, die Unterschiede machen – stehen hier im Vordergund. Aber auch die Berücksichtigung und Nutzung der Aspekte der Nachhaltigkeit sind hier angesprochen (Promberger et al., 2006).

> Erkennen Sie die Kernkompetenzen Ihres Unternehmens! Schützen Sie diese und bauen Sie sie aus.
>
> Denken Sie über die Systemgrenzen (Ihre Stelle, Gruppe, Abteilung, Ihr Unternehmen) hinaus!
>
> Denken Sie in einem zeitlich größeren Rahmen!

Zusammenfassung

Für Organisationen ist die Innovationskraft ein strategischer Wettbewerbsfaktor ersten Ranges. Um Innovationsleistungen erbringen zu können, bedarf es zuerst einmal der Fähigkeit, schwache Signale zu erkennen, sie richtig zu deuten und daraus die passenden Aktionen abzuleiten. Diese schwachen Signale können zu allen Zeiten des Innovationsprozesses auftreten. Besonders von Bedeutung sind sie jedoch in den frühen Phasen, der Strategischen Frühaufklärung. Während es zu den eigentlichen Innovationsprozessen (und den damit verbundenen Methoden und Werkzeugen) sowohl in der Literatur genügend Berichte als auch in der Praxis zahlreiche Erfahrungen gibt, fehlen diese bisher erstaunlicherweise für die den Innovationsprozessen vorgelagerten Phasen.

SFA-Prozesse – damit Ideen, Kreativität und Innovation – werden verhindert oder gar unmöglich, wenn

- Harmonie und Tradition über allem stehen;
- einer immer Recht hat (der „Oberste");
- in jedem Fall der „Ober den Unter" sticht;
- alles laufend verändert wird (übertriebene Veränderung), vor allem wenn es häufige Personalwechsel gibt;
- Druck aufgebaut wird (z. B. durch die Anleitung „sei spontan, sei kreativ" oder ungünstige Wettbewerbssituationen durch Rankings);
- großflächig schädliches Multitasking betrieben wird, d. h., es müssen möglichst viele Arbeiten gleichzeitig durchgeführt werden („operative Hektik"). Daraus resultiert eine Überforderung der Mitarbeiter, z. B. durch die tägliche „Mailflut". Eine weitere Folge ist die seichte Behandlung immer wiederkehrender Probleme und Ideen;
- keine Fehler gemacht werden dürfen;
- bei Problemen die Verursacher (Sündenböcke) gesucht werden. Damit entstehen Angst und Rechtfertigungsdruck;
- nur noch analysiert wird (Paralyse durch Analyse);
- es starre und dogmatische Regeln gibt, die nicht zur Diskussion stehen:
- nur Entscheidungen vorliegen, aber die Zeit für die Umsetzung fehlt;
- offiziell schnelle Übereinstimmungen erzielt werden, diese aber nur zerredet und nicht vorangetrieben werden.

Neue Produkte und Dienstleistungen können in Organisationen nur entstehen, wenn bestimmte Rahmenbedingungen gegeben sind:

- engagierte, mutige Menschen – Querdenker und Störer – die Risiken eingehen, stabile Zustände aufheben, erregen und aufregen;

- Personen, die suchen, bewerten und einschätzen können;
- Mitarbeiter, die über viel Erfahrung und Wissen verfügen;
- Personen, die netzwerken können (die wissen, wer etwas weiß);
- eine entsprechende Organisationsstrukur, passende Regeln und Strategien, vor allem funktionierende, flexible Teams, die Querdenker, Kritiker, Know-how-Träger (Fachspezialisten), Suchende, Implementierer und Koordinatoren vereinen;
- Spannungsverhältnisse, Unterschiede, Widersprüche;
- unternehmens-, kultur- und nationalitätenübergreifende Netzwerke;
- eine offene Kommunikation;
- fördernde Führungskräfte;
- eine kreative und experimentierfreudige Unternehmenskultur mit den entsprechenden Werten.

Das im Buch vorgestellte SFA-Prozessmodell und der Signalnavigator setzen an dieser Stelle an. Das SFA-Prozessmodell gibt die Struktur für die Erkennung, Bewertung und Nutzung schwacher Signale vor. Der SFA-Navigator ermöglicht die Positionierung von Unternehmen sowohl vor als auch während Innovationsprozessen. Er ermöglicht Entscheidungsträgern, schwache Signale eher zu identifizieren und zu nutzen, egal ob es sich dabei um Risiken, Gefahren, Bedrohungen oder um Chancen und Optionen für die betreffenden Systeme handelt. Innovationsprozesse können damit sicherer gestartet und effektiver abgewickelt werden.

Abbildungsverzeichnis

Abbildung 1.1:	Entwicklung der Hauptfokuspunkte	16
Abbildung 1.2:	Von der Intuition zur Innovation	18
Abbildung 1.3:	Stage-Gate-Prozess	19
Abbildung 1.4:	Strategischer Frühaufklärungsprozess und Stage-Gate-Prozess	20
Abbildung 1.5:	Führende Erfolgskräfte (Quelle: Ansoff und Sullivan (1993))	21
Abbildung 2.1:	Umweltsignale werde im Unternehmen aufgegriffen	26
Abbildung 2.2:	SWOT-Matrix	26
Abbildung 3.1:	Entwicklungsstränge der SFA	35
Abbildung 3.2:	Strategische Frühaufklärung vor Innovationsprozessen	36
Abbildung 3.3:	Von der Frühwarnung zur Frühaufklärung	37
Abbildung 4.1:	Basisprozess der Strategischen Frühaufklärung	43
Abbildung 4.2:	Exponentialgesetz des Prozessmanagements (10er-Regel)	44
Abbildung 4.3:	Interne und extern Beobachtungsfelder	47
Abbildung 4.4:	Stufenmodell des Lernens	52
Abbildung 4.5:	Drei Ordnungen des Lernens	53
Abbildung 4.6:	Einflussfaktoren auf den SFA-Prozess	55
Abbildung 4.7:	Organisationales Lernen als mehrschichtiger Prozess und Regelkreis	56
Abbildung 4.8:	Orte der Ideenentstehung	58
Abbildung 4.9:	Fixe Keimzellen und flexible Ausdehnung der Gruppengröße	63
Abbildung 4.10:	Zusammenhang von Verhalten und Struktur	67
Abbildung 4.11:	Regeln als bestimmende Faktoren für Struktur und Verhalten	67
Abbildung 4.12:	Regeln in Organisationen	68
Abbildung 4.13:	Schalenmodell der Kultur	74
Abbildung 4.14:	Interne und externe Partner	79
Abbildung 4.15:	Kommunikationsstrukturen	81
Abbildung 4.16:	Selbsteinschätzung R/I-Portfoliomatrix	84
Abbildung 4.17:	R/I-Portfoliomatrix	86
Abbildung 4.18:	Intuition versus Rationalität	91
Abbildung 4.19:	Der Wechsel von Intuition zu Rationalität	93
Abbildung 4.20:	SFA-Modell – Die Verknüpfung des SFA-Prozesses und der Prozessarten	94
Abbildung 4.21:	Mitarbeiteranzahl und Umsatzzahlen	97
Abbildung 4.22:	Verknüpfung Mitarbeiterzahl und Umsatz	98
Abbildung 4.23:	Zusammenhang Mitarbeiterzahl und Unternehmensalter	98
Abbildung 4.24:	SFA-Prozesse der 12 innovativen Unternehmen	100
Abbildung 4.25:	Rationale Pfade	101
Abbildung 4.26:	Eingesetzte Methoden in den untersuchten Unternehmen in A1 und A2	102

Abbildung 4.27:	Intuitive Pfade	103
Abbildung 4.28:	Kombinierte Pfade	104
Abbildung 4.29:	Parallele Pfade	104
Abbildung 4.30:	Selbsteinschätzung SFA-Prozesspfad	110
Abbildung 5.1:	Charakterisierung der Prozessabläufe	113
Abbildung 5.2:	Umsetzbarkeits-Matrix	125
Abbildung 5.3:	Umsetzbarkeits-Dringlichkeits-Matrix	126
Abbildung 5.4:	Dilemma Verkauf – Produktion	131
Abbildung 5.5:	Dilemma Linienmanagement – Projektmanagement	132
Abbildung 5.6:	Verhaltensweisen von Betroffenen in Veränderungsvorhaben	145

Tabellenverzeichnis

Tabelle 2.1:	Unterschiede zwischen Krisen- und Risiko-/Chancenmanagement	28
Tabelle 3.1:	Frühwarnung, Früherkennung und Frühaufklärung	38
Tabelle 4.1:	Basisaktivitäten der Strategischen Frühaufklärung	45
Tabelle 4.2:	SWOT-Fragen	47
Tabelle 4.3:	SFA-Prozessmodell mit den 9 möglichen Ausprägungen	95
Tabelle 4.4:	Kürzel zur Unternehmensidentifikation	96
Tabelle 4.5:	Unternehmensgrößen	96
Tabelle 4.6:	Besitzverhältnisse und Unternehmensführung	99
Tabelle 5.1:	IA1-SWOT	114
Tabelle 5.2:	RA1-SWOT	115
Tabelle 5.3:	KA1-SWOT	116
Tabelle 5.4:	IA1-SWOT	124
Tabelle 5.5:	RA2-SWOT	127
Tabelle 5.6:	KA2-SWOT	127
Tabelle 5.7:	IA3-SWOT	129
Tabelle 5.8:	RA3-SWOT	130
Tabelle 5.9:	KA3-SWOT	130

Literaturverzeichnis

[1] Aaron, H. J. (2000). Presidential address – seeing through the fog: Policymaking with uncertain forecasts. *Journal of Policy Analysis and Management*, 19(2):193 – 206.
[2] Aguilar, F. J. (1967). *Scanning the business environment*. MacMillan, New York.
[3] Aldrich, H. und Herker, D. (1977). Boundary spanning roles and organization structure. *Academy of Management Review*, 2(2):217 – 230.
[4] Ansoff, H. I. (1975). Managing strategic surprise by response to weak signals. *California Management Review*, 18(2):21 – 33.
[5] Ansoff, H. I. und Sullivan, P. A. (1993). Optimizing profitability in turbulent environments: A formula for strategic success. *Long Range Planning*, 26(5):11 – 23.
[6] Aretz, H.-J. (1999). *Das Management von innovativen Organisationen*. Peter Lang, Frankfurt am Main.
[7] Ariely, D. (2010). *Fühlen nützt nichts, hilft aber: Warum wir uns immer wieder unvernünftig verhalten*. Droemer, München.
[8] Bansal, P. (2003). From issues to actions: The importance of individual concerns and organizational values in responding to natural environmental issues. *Organization Science*, 14(5):510 – 527.
[9] Barney, J. (1991). Firm resources and sustained competitive advantage. *Journal of Management*, 17(1):99 – 120.
[10] Barr, P. S., Stimpert, J. L. und Huff, A. S. (1992). Cognitive change, strategic action, and organizational renewal. *Strategic Management Journal*, 13(5):15 – 36.
[11] Berndt, R., Altobelli, C. F. und Sander, M. (2005). *Internationales Marketingmanagement*. Springer, Heidelberg.
[12] Blanco, S. und Lesca, H. (1998). *Business intelligence: integrating knowledge into the selection of early warning signals*. Ecole Supérieure des Affaires, C.E.R.A.G. – University Pierre Mendès France, France.
[13] Bloom, M. J. und Menefee, M. K. (1994). Scenario planning and contingency planning. *Public Productivity and Management Review*, 17(3):223 – 230.
[14] Bosenberg, D. und Metzen, H. (1993). *Lean Management: Vorsprung durch schlanke Konzepte*. verlag moderne industrie, Landsberg/Lech, 3. Auflage.
[15] Boulton, W. R., Lindsay, W. M., Franklin, S. G. und Rue, L. W. (1982). Strategic planning: Determining the impact of environmental characteristics and uncertainty. *Academy of Management Journal*, 25(3):500 – 509.
[16] Bourgeois III, L. (1981). On the measurement of organizational slack. *Academy of Management Review*, 6(1):29 – 39.
[17] Bowman, E. und Hurry, D. (1993). Strategy through the option lens: an integrated view of resource investments and their incremental-choice process. *Academy of Management Review*, 18(4):760 – 782.
[18] Boyd, B. K. und Fulk, J. (1996). Executive scanning and perceived uncertainty: A multidimensional model. *Journal of Management*, 22(1):1.
[19] Bronn, P. S. und Bronn, C. (2002). Issues management as a basis for strategic orientation. *Journal of Public Affairs* (14723891), 2(4):247.
[20] Bruhn, M. (2008). *Qualitätsmanagement für Dienstleistungen: Grundlagen, Konzepte, Methoden*. Springer Verlag, Berlin, Heidelberg, 7. Auflage.
[21] Burger-Helmchen, T. (2007). Justifying the origin of real options and their difficult evaluation in strategic management. *Schmalenbach Business Review (SBR)*, 59(4):387 – 405.
[22] Burke, L. A. und Miller, M. K. (1999). Taking the mystery out of intuitive decision making. *Academy of Management Executive*, 13(4):91 – 99.
[23] Carter, N. M. (1990). Small firm adaptation: Responses of physicians' organizations to regulatory and competitive uncertainty. *Academy of Management Journal*, 33(2):307 – 333.

[24] Chan, S. (1979). The intelligence of stupidity: understanding failures in strategic warning. *The American Political Science Review*, 73(1):171 – 180.
[25] Chattopadhyay, P., Glick, W. H. und Huber, G. P. (2001). Organizational actions in response to threats and opportunities. *Academy of Management Journal*, 44(5):937 – 955.
[26] Clement, W. und Welbich-Macek, S. (2007). Erfolgsgeschichte: 15 Jahre Clusterinitiativen in Österreich. Technical report, Bundesministerium für Wirtschaft und Arbeit, Wien.
[27] Cohen, W. M. und Levinthal, D. A. (1989). Innovation and learning: the two faces of R &D. *Economic Journal*, 99(397):569 – 596.
[28] Cohen, W. M. und Levinthal, D. A. (1990). Absorptive capacity: A new perspective on learning and innovation. *Administrative Science Quarterly*, 35(1):128 – 152.
[29] Cohen, W. M. und Levinthal, D. A. (1994). Fortune favors the prepared firm. *Management Science*, 40(2):227 – 251.
[30] Cooper, R. G. (1988). The new product process: A decision guide for management. *Journal of Marketing Management*, 3(3):238 – 255.
[31] Cooper, R. G. (2002). *Top oder Flop in der Produktentwicklung: Erfolgsstrategien: Von der Idee zum Launch*. Wiley, Weinheim.
[32] Cooper, R. G. (2009). How companies are reinventing their idea–to–launch methodologies. *Research Technology Management*, 52(2):47 – 57.
[33] Crossan, M. und Sorrenti, M. (1997). Making sense of improvisation. Advances in Strategic Management, 14:155 – 180.
[34] Crossan, M. M., Lane, H. W. und White, R. E. (1999). An organizational learning framework: From intuition to institution. *Academy of Management Review*, 24(3):522 – 537.
[35] Crott, H. (1979). *Soziale Interaktion und Gruppenprozesse*. Kohlhammer, Stuttgart, Berlin, Köln, Mainz.
[36] Czarnitzki, D. und Kraft, K. (2004). On the profitability of innovative assets. **Discussion Paper**, 04-38:1–23. ftp://ftp.zew.de/pub/zew-docs/dp/dp0438.pdf.
[37] Dane, E. und Pratt, M. G. (2004). Intuition: Its boundaries and role in organizational decision-making. *Academy of Management Proceedings*, Seiten A1 – A6.
[38] Dane, E. und Pratt, M. G. (2007). Exploring intuition and its role in managerial decision making. *Academy of Management Review*, 32(1):33 – 54.
[39] Davis, B. J. (2008). Tune in to weak signals. *Industrial Management*, 50(1):22.
[40] Day, D. L. (1994). Raising radicals: Different processes for championing innovative corporate ventures. *Organization Science*, 5(2):148 – 172.
[41] Day, G. S. und Schoemaker, P. J. H. (2005). Scanning the periphery. *Harvard Business Review*, 83(11):135 – 148.
[42] Day, G. S. und Schoemaker, P. J. H. (2007). Seeing sooner. *Marketing Management*, 16(6):20 – 27.
[43] de Brabandere, L. (2005). False endings, weak signals. *Across the Board*, 42(4):52 – 55.
[44] Dibrell, C., Down, J. und Bull, L. (2007). Dynamic strategic planning: Achieving strategic flexibility through formalization. *Journal of Business & Management*, 13(1):21 – 35.
[45] Doppler, K. und Lauterburg, C. (1994). *Change Management: Den Unternehmenswandel gestalten*. Campus Verlag, Frankfurt am Main/New York.
[46] Dougherty, D. und Hardy, C. (1996). Sustained product innovation in large, mature organizations: overcoming innovation-to-organization problems. *Academy of Management Journal*, 39(5):1120 – 1153.
[47] Drucker, P. F. (2002). The discipline of innovation. *Harvard Business Review*, 80(8):95 – 103.
[48] Dutton, J. E. (1993). Interpretations on automatic: A different view of strategic issue diagnosis. *Journal of Management Studies*, 30(3):339 – 357.
[49] Dutton, J. E. und Ashford, S. J. (1993). Selling issues to top management. *Academy of Management Review*, 18(3):397 – 428.
[50] Dutton, J. E., Ashford, S. J., Lawrence, K. A. und Miner-Rubino, K. (2002). Red light, green light: Making sense of the organizational context for issue selling. *Organization Science*, 13(4):355 – 369.

[51] Dutton, J. E., Ashford, S. J., O'Neill, R. M., Hayes, E. und Wierba, E. E. (1997). Reading the wind: How middle managers assess the context for selling issues to top managers. *Strategic Management Journal*, 18(5):407 – 423.

[52] Dutton, J. E., Ashford, S. J., O'Neill, R. M. und Lawrence, K. A. (2001). Moves that matter: Issue selling and organizational change. *Academy of Management Journal*, 44(4):716 – 736.

[53] Dutton, J. E. und Duncan, R. B. (1987). The creation of momentum for change through the process of strategic issue diagnosis. *Strategic Management Journal*, 8(3):279 – 295.

[54] Dutton, J. E. und Jackson, S. E. (1987). Categorizing strategic issues: Links to organizational action. *Academy of Management Review*, 12(1):76 – 90.

[55] Eisenhardt, K. M. (1989). Making fast strategic decisions in high-velocity environments. *Academy of Management Journal*, 32(3):543 – 576.

[56] Eisenhardt, K. M. (1999). Strategy as strategic decision making. *Sloan Management Review*, 40(3):65 – 72.

[57] Eisenhardt, K. M. und Martin, J. A. (2000). Dynamic capabilities: What are they? *Strategic Management Journal*, 21(10/11):1105.

[58] Elenkov, D. S. (1997). Strategic uncertainty and environmental scanning: The case for institutional influences on scanning behavior. *Strategic Management Journal*, 18(4):287 – 302.

[59] Elsbach, K. D. (2003). How to pitch a brilliant idea. *Harvard Business Review*, 81(9):117 – 123.

[60] Eurostat (22. Februar 2007). Über 40 Prozent der Unternehmen in der EU27 sind in der Innovation tätig. In *Vierte Innovationserhebung der Gemeinschaft*.

[61] Eversheim, W. (2000). *Qualitätsmanagement für Dienstleister: Grundlagen, Selbstanalyse, Umsetzungshilfen*. Springer Verlag, Berlin, Heidelberg, 2. Auflage.

[62] Fahey, L. und King, W. R. (1977). Environmental scanning for corporate planning. *Business Horizons*, 20(4):61.

[63] Fahey, L., King, W. R. und Narayanan, V. K. (1981). Environmental scanning and forecasting in strategic planning – the state of the art. *Long Range Planning*, 14(1):32 – 39.

[64] Feldman, M. S. und March, J. G. (1981). Information in organizations as signal and symbol. *Administrative Science Quarterly*, 26(2):171 – 186.

[65] Forgas, J. P. (2002). Feeling and doing: Affective influences on interpersonal behavior. *Psychological Inquiry*, 13(1):1 – 28.

[66] Fredrickson, J. W. (1985). Effects of decision motive and organizational performance level on strategic decision processes. *Academy of Management Journal*, 28(4):821 – 843.

[67] Fueglistaller, U., Müller, C. und Volery, T. (2008). *Entrepreneurship: Modelle – Umsetzung – Perspektiven*. Wiesbaden, Gabler Verlag, 2. Auflage.

[68] Gareis, R. (1994). *Erfolgsfaktor Krise*. Signum Verlag, Wien.

[69] Getz, I. und Robinson, A. G. (2003). *Innovations-Power: Kreative Mitarbeiter fördern – Ideen systematisch generieren*. Carl Hanser Verlag, München, Wien.

[70] Gilbert, C. G. (2006). Change in the presence of residual fit: Can competing frames coexist? *Organization Science*, 17(1):150 – 167.

[71] Gilmore, W. S. und Camillus, J. C. (1996). Do your planning processes meet the reality test? *Long Range Planning*, 29(6):869 – 879.

[72] Ginsberg, A. und Venkatraman, N. (1995). Institutional initiatives for technological change: From issue interpretation to strategic choice. *Organization Studies (Walter de Gruyter GmbH und Co. KG.)*, 16(3):425 – 448.

[73] Goll, I. und Rasheed, A. M. A. (1997). Rational decision-making and firm performance: Themoderatingroleofenvironment. *Strategic Management Journal*, 18(7):583 – 591.

[74] Granovetter, M. (1983). The strength of weak ties: A network theory revisited. *Sociological Theory*, Seite 201.

[75] Greiner, L. E. (1998). Evolution and revolution as organizations grow. *Harvard Business Review*, 76(3):55 – 68.

[76] Hahn, D. (1983). Frühwarnsysteme. In Buchinger, G., Herausgeber, *Umfeldanalysen für das strategische Management*, Seiten 3 – 26. Signum Verlag, Wien.

[77] Hall, R. (1993). A framework linking intangible resources and capabilites to sustainable competitive advantage. *Strategic Management Journal*, 14(8):607 – 618.
[78] Hambrick, D. C. (1981). Specialization of environmental scanning activities among upper level executives. *Journal of Management Studies*, 18(3):299 – 320.
[79] Hammer, M. und Champy, J. (1994). *Business Reengineering: Die Radikalkur für das Unternehmen*. Campus Verlag, Frankfurt/New York.
[80] Hammer, R. M. (1992). *Strategische Planung und Frühaufklärung*. Oldenbourg Verlag GmH, München, Wien, Oldenbourg, 2. Auflage.
[81] Hax, A. (1998). Defining the concept of strategy. In De Wit, B. und Meyer, R., Herausgeber, *Strategy – Process, Content, Context*, Seiten 28 – 32. International Thomson Business Press, London.
[82] Hindle, T. (2000). *Guide to management ideas*. Profile Books Ltd, London.
[83] Hodgkinson, G. P., Langan-Fox, J. und Sadler-Smith, E. (2008). Intuition: A fundamental bridging construct in the behavioural sciences. *British Journal of Psychology*, 99(1):1 – 27.
[84] Hodgkinson, G. P. und Sadler-Smith, E. (2003). Complex or unitary? A critique and empirical reassessment of the Allinson–Hayes Cognitive Style Index. *Journal of Occupational & Organizational Psychology*, 76(2):243.
[85] Huber, G. P. (1991). Organizational learning: The contributing processes and the literatures. *Organization Science*, 2(1):88 – 115.
[86] Høyland, K. und Wallace, S. W. (2001). Generating scenario trees for multistage decision problems. *Management Science*, 47(2):295.
[87] Jackson, S. E. und Dutton, J. E. (1988). Discerning threats and opportunities. *Administrative Science Quarterly*, 33(3):370 – 387.
[88] Johnson, G., Kevan, S. und Whittington, R. (2005). *Exploring corporate strategy: text and cases*. Prentice Hall, England, 7. Auflage.
[89] Johnson, G., Scholes, K. und Whittington, R. (2008). *Exploring Corporate Strategy*. Prentice Hall, 8. Auflage.
[90] Jonash, R. S. und Sommerlatte, T. (2000). *Innovation*. Verlag Moderne Industrie, Landsberg/Lech.
[91] Julian, S. D. und Ofori-Dankwa, J. C. (2008). Toward an integrative cartography of two strategic issue diagnosis frameworks. *Strategic Management Journal*, 29(1):93 – 114.
[92] Julian, S. D., Ofori-Dankwa, J. C. und Justis, R. T. (2008). Understanding strategic responses to interest group pressures. *Strategic Management Journal*, 29:963 – 984.
[93] Julien, P.-A., Andriambeloson, E. und Ramangalahy, C. (2004). Networks, weak signals and technological innovations among SMEs in the land-based transportation equipment sector. *Entrepreneurship and Regional Development*, 16(4):251 – 269.
[94] Kamiske, G. F. und Brauer, J.-P. (2008). *Qualitätsmanagement von A bis Z*. Carl Hanser Verlag, München, 6. Auflage.
[95] Kiesler, S. und Sproull, L. (1982). Managerial response to changing environments: Perspectives on problem sensing from social cognition. *Administrative Science Quarterly*, 27(4):548 – 570.
[96] Klausmann, W. (1983). Betriebliche Frühwarnsysteme im Wandel. *Zeitschrift Führung und Organisation (zfo)*, 52(1):39 – 45.
[97] Krulis-Randa, J. S. (1990). Einführung in die Unternehmenskultur. In Lattmann, C., Herausgeber, *Die Unternehmenskultur -Ihre Grundlagen und ihre Bedeutung für die Führung der Unternehmung*, Seiten 1 – 20. Physica-Verlag, Heidelberg.
[98] Krystek, U. und Müller-Stewens, G. (1993). *Frühaufklärung in Unternehmen: Identifikation und Handhabung zukünftiger Chancen und Bedrohungen*. Schäffer-Peoschel, Stuttgart.
[99] Kuvaas, B. (2002). An exploration of two competing perspectives on informational contexts in top management strategic issue interpretation. *Journal of Management Studies*, 39(7):977 – 1001.
[100] Lampel, J., Shamsie, J. und Shapira, Z. (2009). Experiencing the improbable: Rare events and organizational learning. *Organization Science*, 20(5):835 – 845.
[101] Langley, A. (1989). In search of rationality: The purposes behind the use of formal analysis in organizations. *Administrative Science Quarterly*, 34(4):598 – 631.

[102] Lasinger, D. (2010a). *Die Ermittlung und Nutzung schwacher Signale von Chancen – Der Prozess der Strategischen Frühaufklärung am Beispiel von Produktinnovationen in mittleren und großen österreichischen Produktionsunternehmen.* PhD thesis, Johannes Kepler Universität Linz.

[103] Lasinger, M. (2010b). Quality Function Deployment als Instrument zur Entwicklung nachhaltigkeitsorientierter Produkte. In Prammer, H. K., Herausgeber, *Corporate Sustainability – Der Beitrag von Unternehmen zu einer nachhaltigen Entwicklung in Wirtschaft und Gesellschaft,,* Seiten 267 – 286. Gabler Verlag/Springer Fachmedien Wiesbaden Gabler, Wiesbaden.

[104] Lauzen, M. M. (1995). Toward a model of environmental scanning. *Journal of Public Relations Research,* 7(3):187 – 203.

[105] Lehrer, J. (2009). *Wie wir entscheiden – Das erfolgreiche Zusammenspiel von Kopf und Bauch.* Piper, München, 1. Auflage.

[106] Leonard, D. und Sensiper, S. (1998). The role of tacit knowledge in group innovation. *California Management Review,* 40(3):112 – 132.

[107] Liebl, F. (1991). *Schwache Signale und Künstliche Intelligenz im strategischen Issue Management.* Verlag Peter Lang GmbH, Frankfurt am Main.

[108] Liebl, F. (2003). Erkennen, abschätzen, Maßnahmen ergreifen: Issues Management auf dem Weg zum integrierten Strategiekonzept. http://www.imageev.com/downloads/Erkennen,

[109] Liedtka, J. M. und Rosenblum, J. W. (1996). Shaping conversations: Making strategy, managing change. *California Management Review,* 39(1):141 – 157.

[110] Little, A. D. (1997). *Management von Innovation und Wachstum.* Gabler Verlag, Wiesbaden.

[111] Louis, M. R. und Sutton, R. I. (1991). Switching cognitive gears: From habits of mind to active thinking. *Human Relations,* 44(1):55.

[112] Lucko, S. und Trauner, B. (2002). *Wissensmanagement.* Carl Hanser Verlag, München, Wien.

[113] Luhmann, N. (2002). *Einführung in die Systemtheorie.* Carl-Auer Verlag, Heidelberg.

[114] Luhmann, N. (2005). *Einführung in die Theorie der Gesellschaft.* Carl-Auer Verlag, Heidelberg.

[115] Lüthje, C. (2003). Die empirische Innovationsforschung in Publikationen. In Schwaiger und Harhoff, Herausgeber, *Empirie und Betriebswirtschaftslehre.*

[116] Madsen, P. M. (2009). These lives will not be lost in vain: Organizational learning from disaster in U.S. coal mining. *Organization Science,* 20(5):861 – 875.

[117] Magiera, C. (2009). *Einsatz und Anwendung von Innovationstechniken.* Diplomica Verlag, Hamburg.

[118] Magnusson, K., Kroslid, D. und Bergman, B. (2001). *Six Sigma umsetzen: Die neue Qualitätsstrategie für Unternehmen.* Carl Hanser Verlag, München, Wien.

[119] Maitlis, S. und Lawrence, T. B. (2007). Triggers and enablers of sensegiving in organizations. *Academy of Management Journal,* 50(1):57 – 84.

[120] Malaska, P. (1985). Multiple scenario approach and strategic behaviour in european companies. *Strategic Management Journal,* 6(4):339 – 355.

[121] Mayer, R. E. (2001). *Multimedia Lerning.* Cambridge University Press.

[122] Meyer, A. D. (1982). Adapting to environmental jolts. *Administrative Science Quarterly,* 27(4): 515 – 537.

[123] Miles, R. E. und Snow, C. C. (1986). *Unternehmensstrategien.* McGraw-Hill, Hamburg.

[124] Miller, C. C. und Ireland, R. D. (2005). Intuition in strategic decision making: Friend or foe in the fast-paced 21st century? *Academy of Management Executive,* 19(1):19 – 30.

[125] Miller, D., Eisenstat, R. und Foote, N. (2002). Strategy from the inside out: Building capability-creating organizations. *California Management Review,* 44(3):37 – 54.

[126] Mintzberg, H., Ahlstrand, B. und Lampel, J. (1998). *Strategy Safari – the complete guide through the wilds of strategic management.* Financial Times Prentice Hall Europe, London.

[127] Müller, D. H. und Tietjen, T. (2000). *FMEA-Praxis: Das Komplettpaket für Training und Anwendung.* Carl Hanser Verlag, München, Wien.

[128] Müller, G. (1981). *Strategische Frühaufklärung.* Planungs- und Organisationswissenschaftliche Schriften, Universität München.

[129] Müller, R. (1997). *Innovation gewinnt: Kulturgeschichte und Erfolgsrezepte.* Orell Füssli Verlag, Zürich.

[130] Müller-Stewens, G. und Lechner, C. (2005). *Strategisches Management: Wie strategische Initiativen zum Wandel führen*. Schäffer-Poeschel, Stuttgart, 3. Auflage.

[131] Nagel, K. (1994). *Unternehmenssignale: Situationsbewertung, Strategieanalyse, Neupositionierung*. Ley, Dirk, Landesberg/Lech.

[132] Narchal, R. M., Kittappa, K. und Bhattacharya, P. (1987). An environmental scanning system for business planning. *Long Range Planning*, 20(6):96 – 105.

[133] Noda, T. und Bower, J. L. (1996). Strategy making as iterated processes of resource allocation. *Strategic Management Journal*, 17:159 – 192.

[134] Nohria, N. und Gulati, R. (1996). Is slack good or bad for innovation? *Academy of Management Journal*, 39(5):1245 – 1264.

[135] Nolan, J. T. (1985). Political surfing when issues break. *Harvard Business Review*, 63(1):72 – 81.

[136] Nonaka, I. (1991). The knowledge-creating company. *Harvard Business Review*, 69(6):96 – 104.

[137] Nonaka, I. und Takeuchi, H. (1997). *Die Organisation des Wissens*. Campus Verlag, Frankfurt.

[138] Oess, A. (1991). *Total Quality Management: Die ganzheitliche Qualitätsstrategie*. Gabler Verlag, Wiesbaden, 2. Auflage.

[139] Pawlowsky, P. und R., R. (2002). *Wissensmanagement für die Praxis*. Luchterhand Verlag GmbH, Neuwied.

[140] Pfohl, H.-C. (2006). Unternehmensführung. In Pfohl, H.-C. und Ulli, A., Herausgeber, *Betriebswirtschaftslehre der Mittel- und Kleinbetriebe*, Seiten 79 – 114. Erich Schmidt Verlag, Berlin.

[141] Pineda, R. C., Lerner, L. D., Miller, M. C. und Phillips, S. J. (1998). An investigation of factors affecting the information-search activities of small business managers. *Journal of Small Business Management*, 36(1):60 – 71.

[142] Porter, M. E. (1983). *Competitive Strategy*. Campus Verlag, Frankfurt am Main.

[143] Powell, W. W., Koput, K. W. und Smith-Doerr, L. (1996). Interorganizational collaboration and the locus of innovation: Networks of learning in biotechnology. *Administrative Science Quarterly*, 41(1):116 – 145.

[144] Prietula, M. J. und Simon, H. A. (1989). The experts in your midst. *Harvard Business Review*, 67(1):120 – 124.

[145] Promberger, K., Spiess, H. und Kössler, W. (2006). *Unternehmen und Nachhaltigkeit*. Linde Verlag, Wien.

[146] Raidl, M.-H. und Lubart, T. I. (2000-2001). An empirical study of intuition and creativity. *Imagination, Cognition and Personality*, 20(3):217 – 230.

[147] Rieser, I. (1978). Frühwarnsysteme. *Die Unternehmung*, 1(1):51 – 68.

[148] Rieser, I. (1980). *Frühwarnsysteme für die Unternehmungspraxis*, Band 51. Verlag V. Florentz, München.

[149] Rosenstiel, L. v. und Kardorff, E. (1990). Der Einfluss des Wertewandels auf die Unternehmenskultur. In Lattmann, C., Herausgeber, *Die Unternehmenskultur – Ihre Grundlagen und ihre Bedeutung für die Führung der Unternehmung*, Seiten 131–152. Physica-Verlag, Heidelberg.

[150] Saffo, P. (2007). Six rules for accurate/effective forecasting. *Harvard Business Review*, 85(7/8):122 – 131.

[151] Samra-Fredericks, D. (2003). Strategizing as lived experience and strategists' everyday efforts to shape strategic direction. *Journal of Management Studies*, 40(1):141 – 174.

[152] Schein, E. H. (1996). Culture: The missing concept in organization studies. *Administrative Science Quarterly*, 41:229 – 240.

[153] Schimmel, A. (2002). *Wissen und der Umgang mit Wissen in Organisationen – Versuch einer Systematisierung nach Arten des Wissens, Trägern des Wissens und Prozessen des Umgangs mit Wissen im Rahmen einer wissensorientierten Unternehmensführung*. PhD thesis, Technische Universität Dresden.

[154] Schnetzler, N. (2008). *Die Ideenmaschine: Methode statt Geistesblitz – Wie Ideen industriell produziert werden*. WILEY-VCH Verlag GmbH & Co. KGaA, Weinheim.

[155] Schwarz, N. (2000). Emotion, cognition, and decision making. *Cognition & Emotion*, 14(4):433 – 440.

[156] Seidl, D. (2004). The concept of „weak signals" revisited: a re-description from a constructivist perspective. In Tsoukas, H. und Shepherd, J., Herausgeber, *Managing the future: foresight in the knowledge economy*, Kapitel 9. Blackwell, Oxford.
[157] Senge, P. M. (2006). *The fifth discipline: The art and practice of the learning organization*. Doubleday, New York.
[158] Senge, P. M., Kleiner, A., Smith, B. und Roberts, C. (1994). Gemeinsame Vision. In Senge, P. M., Herausgeber, *Das Fieldbook zur Fünften Disziplin*, Seiten 343 – 402. Klett-Cotta, Stuttgart, 2. Auflage.
[159] Sharma, S. (2000). Managerial interpretations and organizational context as predictors of corporate choice of environmental strategy. *Academy of Management Journal*, 43(4):681 – 697.
[160] Simon, D. (1986). *Schwache Singale – Die Früherkennung von strategischen Diskontinuitäten durch Erfassung von weak signals*, Band 4. Service – Fachverlag an der Wirtschaftsuniversität Wien. Schriften des österreichischen Controller-Instituts.
[161] Simon, F. B. (2004). *Gemeinsam sind wir blöd?! Die Intelligenz von Unternehmen, Managern und Märkten*. Carl-Auer-Systeme Verlag, Heidelberg.
[162] Simon, F. B. (2006). *Einführung in Systemtheorie und Konstruktivismus*. Carl-Auer-Verlag, Heidelberg, 1. Auflage.
[163] Singh, R. P., Hills, G. E., Lumpkin, G. und Hybels, R. C. (1999). The entrepreneurial opportunity recognition process: Examining the role of self-perceived alertness and social networks. *Academy of Management Proceedings*, :G1 – G6.
[164] Smircich, L. und Stubbart, C. (1985). Strategic management in an enacted world. *Academy of Management Review*, 10(4):724 – 736.
[165] Staw, B. M., Sandelands, L. E. und Dutton, J. E. (1981). Threat-rigidity effects in organizational behavior: A multilevel analysis. *Administrative Science Quarterly*, 26(4):501 – 524.
[166] Staw, B. M., Sutton, R. I. und Pelled, L. H. (1994). Employee positive emotion and favorable outcomes at the workplace. *Organization Science*, 5(1):51 – 71.
[167] Steinmann, H. und Schreyögg, G. (2000). *Grundlagen der Unternehmensführung*. Gabler Verlag, Wiesbaden, 5. Auflage.
[168] Steinmann, H. und Schreyögg, G. (2002). *Management – Grundlagen der Unternehmensführung*. Gabler Verlag, Wiesbaden, 5. Auflage.
[169] Sánchez, A. M. und Pérez, M. P. (2004). Early warning signals for R & D projects: an empirical study. *Project Management Journal*, 35(1):11 – 23.
[170] Thomas, J. A. und McDaniel, Jr., R. R. (1990). Interpreting strategic issues: Effects of strategy and the information-processing structure of top management teams. *Academy of Management Journal*, 33(2):286 – 306.
[171] Thomas, J. B., Clark, S. M. und Gioia, D. A. (1993). Strategic sensemaking and organizational performance: Linkages among scanning, interpretation, action, and outcomes. *Academy of Management Journal*, 36(2):239 – 270.
[172] Thomas, J. B., Shankster, L. J. und Mathieu, J. E. (1994). Antecedents to organizational issue interpretation: The roles of single-level, cross-level, and content cues. *Academy of Management Journal*, 37(5):1252 – 1284.
[173] Trux, W., Müller-Stewens, G. und Kirsch, W. (1988). *Das Management strategischer Programme – 1. Halbband*. Planungs- und Organisationswissenschaftliche Schriften, 3. Auflage.
[174] Vester, F. (2000). *Die Kunst vernetzt zu denken*. Deutsche Verlags-Anstalt GmbH, Stuttgart, 5. Auflage.
[175] Watzlawick, P. (2002). *Vom Schlechten des Guten*. Piper Verlag GmbH, München, 9. Auflage.
[176] Watzlawick, P., Beavin, J. H. und Jackson, D. D. (1990). *Menschliche Kommunikation – Formen, Störungen, Paradoxien*. Hans Huber Verlag, Bern, 8. Auflage.
[177] Weigand, A. und Buchner, H. (2000). Früherkennung in der Unternehmenssteuerung – Navigation für Unternehmen in turbulenten Zeiten. In Partner, H., Herausgeber, *Früherkennung in der Unternehmenssteuerung*, Seiten 1 – 36. Schäffer-Poeschel, Stuttgart.
[178] Welge, M. K. und Al-Laham, A. (2003). *Strategisches Management: Grundlagen – Prozess – Implementierung*. Gabler Verlag, Wiesbaden, 4. Auflage.

[179] Wentz, C. (2008). *Die Innovationsmaschine*. Springer Verlag, Heidelberg.

[180] Weule, H. (2002). *Integriertes Forschungs- und Entwicklungsmanagement: Grundlagen – Strategien – Umsetzung*. Carl Hanser Verlag, München, Wien, 1. Auflage.

[181] Wiedmann, K.-P. (1984). Frühwarnung, Früherkennung, Frühaufklärung: Zum Stand der Verwirklichung eines alten Wunsches im Sektor der Unternehmensführung. Master's thesis, Universität Mannheim, Institut für Marketing.

[182] Womack, J. P., Jones, D. T. und Roos, D. (1991). *Die zweite Revolution in der Autoindustrie: Konsequenzen aus der weltweiten Studies des Massachusetts Institute of Technology*. Campus Verlag, Frankfurt/New York, 3. Auflage.

[183] Wood, R. und Bandura, A. (1989). Social cognitive theory of organizational management. *Academy of Management Review*, 14(3):361 – 384.

[184] Woods, D. H. (1966). Improving estimates that involve uncertainty. *Harvard Business Review*, 66(4):91 – 98.

[185] Yasai-Ardekani, M. und Nystrom, P. C. (1996). Designs for environmental scanning systems: Tests of a contingency theory. *Management Science*, 42(2):187 – 204.

[186] Zentner, R. D. (1981). How to evaluate the present and future corporate environment. *Journal of Business Strategy*, 1(4):42 – 51.

Die Autoren

Dipl.-Ing. Dr. Manfred Lasinger studierte Technische Physik und Betriebswirtschaft. Ausbildungen in klassischer und systemischer Unternehmens- und Organisationsberatung, Training, Coaching und systemischer Aufstellungsarbeit. Langjährige Berufserfahrungen in Forschung und Entwicklung, Produktion, Technik, Logistik, Unternehmensführung. Projektleiter, Führungskraft und Geschäftsführer. Seit 25 Jahren Trainer und seit 20 Jahren Unternehmensberater mit den Schwerpunkten Strategie, Organisation, Prozess-, Projekt-, Qualitäts- und Innovationsmanagement. Lehrt seit 25 Jahren an mehreren Universitäten. Gründung eines eigenen  Beratungsunternehmens und Aufbau eines Beraternetzwerks. Entwicklung einer Reihe innovativer Dienstleistungsprodukte. Spezialist für den Einsatz von Methoden und Instrumenten in neuen Anwendungsgebieten.

Dr. Donia Lasinger studierte Wirtschaftswissenschaften, absolvierte ein Jahr am Trinity College an der University of Dublin / Irland. Erhielt 2008 den Würdigungspreis des (österreichischen) Bundesministeriums für Wissenschaft und Forschung für exzellente Studienleistungen. Dissertation über den Strategischen Frühaufklärungsprozess mit Schwerpunkt Chancenmanagement. Projektarbeiten im Bankenbereich. Praktikum in der UNIDO. Seit fünf Jahren Unternehmensberaterin und Trainerin bei MLC. Mitentwicklung, Einführung und Betreuung des Unternehmensanalysetools WeQual, gemeinsam mit Vater Manfred Lasinger. Hauptinteresse: Innovation und ihre Ursachen.

Ausgehend von Österreich arbeiten wir mit unseren Partnern in Deutschland, Italien und der Schweiz. Weitere Informationen unter www.lasinger.cc und www.wequal.com.

Wissen für die Unternehmensführung
↗

Alle Geschäftsabläufe systematisch im Griff

Wie gelingt es, Prozesse im Unternehmen optimal zu gestalten? Die Autoren zeigen, wie Unternehmen eine kontinuierliche Leistungsmessung implementieren und innerbetrieblichen Widerstand konstruktiv nutzen können. Zahlreiche Beispiele, quantitative Tools, Checklisten und viele Praxistipps machen das Buch zu einem einzigartigen Werkzeug, um Wettbewerbsvorteile durch effektive Prozessoptimierung zu realisieren.

Eva Best / Martin Weth
Prozess Excellence
Praxisleitfaden für erfolgreiches Prozessmanagement
4. überarb. u. erw. Aufl. 2010.
256 S. Geb.
EUR 52,95
ISBN 978-3-8349-2211-3

Emotionale Viren im Unternehmen aufspüren, analysieren, wirkungsvoll behandeln

Interessenkonflikte um Macht und Geld, kulturelle Unterschiede, persönliche Hoffnungen und Ängste der Schlüsselpersonen rufen besonders bei Veränderungsprozessen „emotionale Viren" hervor, die eine „mentale Verschmutzung" des Unternehmens nach sich ziehen. Die beiden erfahrenen Berater Jochen Peter Breuer und Pierre Frot zeigen anschaulich, wie ein Unternehmen zur mentalen Stärke geführt werden kann. Ein innovativer und international bewährter Ansatz, anschaulich und kurzweilig dargestellt - eine originelle und nützliche Lektüre.

Jochen Peter Breuer / Pierre Frot
Das emotionale Unternehmen
Mental starke Oganisationen entwickeln - Emotionale Viren aufspüren und behandeln
2010. 296 S. Geb.
EUR 39,95
ISBN 978-3-8349-2076-8

Mit vielen Beispielen aus der Unternehmenspraxis, Testfragen zur Selbstanalyse sowie Checklisten

Bleiben bei einer gut aufgestellten Organisation die Erfolge aus, dann ist oft ein gefährlicher Organizational Burnout (OBO) die Ursache dafür. Erstmalig beschreibt Gustav Greve das weit verbreitete Phänomen des OBO, erklärt die Erfolgsdefizite der betroffenen Unternehmen und zeigt einen Weg aus der Krise.

Gustav Greve
Organizational Burnout
Das versteckte Phänomen ausgebrannter Organisationen
2010. 281 S. Geb.
EUR 34,95
ISBN 978-3-8349-2291-5

Änderungen vorbehalten. Stand: August 2010.
Erhältlich im Buchhandel oder beim Verlag
Gabler Verlag . Abraham-Lincoln-Str. 46 . 65189 Wiesbaden . www.gabler.de

The manufacturer's authorised representative in the EU is Springer Nature Customer Service Centre GmbH, Europaplatz 3, 69115 Heidelberg, Germany. If you have any concerns regarding our products, please contact ProductSafety@springernature.com

Printed and bound by CPI Group (UK) Ltd, Croydon, CR0 4YY

23/03/2026

02076462-0010